ESQUISSE HISTORIQUE

sur

LA VILLE DE CRAPONNE.

LE PUY, TYP. M.-P. MARCHESSOU, SUCC. DE GAUDELET.

ESQUISSE HISTORIQUE

SUR

LA VILLE DE CRAPONNE

Par M. l'abbé Adr. MAITRIAS,

Chanoine honoraire de Moulins, Membre de la Société Académique du Puy,
Auteur de plusieurs ouvrages de piété, Rédacteur des *Annales de la Sainte-Enfance*.

> Crescentibus annis,
> Crescit amor patriæ.
> Hor.

Ouvrage couronné par la Société Académique du Puy.

CRAPONNE,
SAVINEL, libraire.

1854.

AVANT-PROPOS.

Nous avons voulu consacrer quelques heures de nos loisirs à notre pays natal.

Nous n'avons ni le temps, ni la patience des longues recherches, et nous ne pouvons prétendre à l'érudition.

Ces pages seront donc écrites au grand courant de la plume; elles développeront quelques notes depuis longtemps recueillies avec un filial amour.

A de moins sérieusement occupés, à de plus heureux, le soin de compléter ce modeste travail.

Tel qu'il est, il prouvera que nous aimons notre patrie, — quoique souvent la Providence nous en éloigne,—et que nous aurions remords à laisser dans l'ombre la moindre phase de sa vie.

Cette vie est courte, sans faits émouvants, sans grande portée historique; mais, redisons-le, c'est la vie de notre pays, et il nous plaît de jouer avec notre berceau.

Qu'on ne nous reproche pas les leçons qui entrecoupent ces pages. Nos pères étaient un peu prêcheurs : et, puisque pendant quelques semaines nous avons conversé avec eux, on nous pardonnera bien d'être entré dans quelques-unes de leurs habitudes!...

I.

Avant l'invasion romaine, le Velay était habité par les Vélaunes, *Velauni* ou *Vellavi*. Ce peuple faisait partie de la grande Confédération arvernienne, mais sans être confondu avec les Arvernes. Il avait sa nationalité bien distincte et sa vie propre. Une preuve irrécusable de ce fait est la main symbolique en bronze, de l'époque celto-hellénique, que possède le Musée du Puy et qui porte l'inscription : ΣΥΜΒΟΛΟΝ ΠΡΟΣ ΟΥΕΛΑΥΝΙΟΥΣ.

Dans la division des Gaules par les conquérants, ce pays fut compris dans la première Aquitaine. Au nord et à l'est du Velay étaient les Ségusiens ou habitants du Forez; les Arvernes ou Auvergnats, à l'ouest; et au sud les Helviens ou habitants du Vivarais et les Gabales ou peuples du Gévaudan.

Au temps de Strabon, les Vélaunes avaient presque secoué le joug de la conquête qu'ils n'avaient guère subi qu'à demi, et ils se gouvernaient par leurs propres lois. Sous Honorius, leur pays dut avoir le sort du Languedoc. Le faible empereur, trop éloigné de cette portion de son empire, et voulant, dans un suprême effort, détourner l'œil d'Alaric, roi des Goths, de la riche Italie qu'il convoitait, céda l'Aquitaine aux barbares, depuis Toulouse jusqu'à l'Océan. Leur voisinage fut fatal aux Vélaunes : Euric, successeur de Théodoric, les conquit, ne laissant de la première Aquitaine, à la mourante Rome, que l'Auvergne et le Berry.

Enlevé un instant à la domination des Visigoths par Thierry, fils de Clovis, le Velay y rentra en 509. Repris par Théodebert, en 533, il fit partie, en 562, des Etats que Sigebert, fils de Clotaire, obtint sous le nom de royaume d'Austrasie, jusqu'à ce que, après avoir été possédé par les deux successeurs de Sigebert et par Thierry II, roi de Bourgogne, il fut définitivement incorporé, par l'avènement de Clotaire II, à la monarchie française.

Pendant quatre-vingts ans, le Velay appartint au duché d'Aquitaine, duché que Charlemagne érigea en royaume, au profit de son fils Louis-le-Débonnaire. Pour en rendre l'administration facile au jeune prince, il établit, dans les villes, des gouverneurs, comtes, ducs ou marquis, lesquels relevaient de l'autorité royale. Tornin fut le premier comte de Toulouse. Celui de Narbonne était Emeric. Louis-le-Débonnaire le remplaça bientôt par un duc de

Septimanie, qu'on appela encore marquis de Gothie. Ce duc exerçait, sur le Bas-Languedoc, la même autorité qu'avaient, sur le Haut-Languedoc, les comtes de Toulouse. Ce duché s'éteignit, en 936, dans la personne de son huitième possesseur, Ermengaud; et Ponce-Raymond unit à la couronne de comte de Toulouse celle de duc de Septimanie. Le Velay resta sous la domination des comtes de Toulouse, avec tout le Languedoc, jusqu'en 1271, année où cette succession de petits souverains, finit, faute d'héritier direct, avec Alphonse, comte de Poitiers, qui avait épousé Jeanne, fille du dernier comte Raymond VII.

Il ne peut entrer dans notre plan de suivre, dans ses phases diverses, l'histoire du Velay. Nous aurions mauvaise grâce à entreprendre de nouveau ce qui a été si bien fait. L'esquisse qui précède était indispensable à notre humble travail; la charger d'autres détails serait superflu.

II.

A l'époque où nous laissons l'histoire générale du Velay, outre les cités gallo romaines, Ruessium, Icidmago, Condate et Aquis Segete, on comptait les villes du Puy, du Monastier, de Roche-en-Reynier, Saint-Didier, Montfaucon, Monistrol, Craponne, qui étaient déjà sorties, depuis plusieurs siècles, des langes obscurs de l'histoire.

L'origine de la plupart d'entr'elles est inconnue. Il en est ainsi de la ville à laquelle sont consacrées ces pages. Jamais sol n'a été plus travaillé que le nôtre par les invasions de toute nature et de tout nom. Les plus anciens monuments écrits sont perdus, pour Craponne comme pour de plus importantes cités, parmi tant d'autres ruines séculaires! Il faut donc se résigner à des conjectures.

Craponne eut-il une existence, même chétive, sous la domination romaine? Nous n'oserions le croire. Rien ne rappelle cette époque, si ce n'est les vestiges de la voie antique, *la Boléna,* qui conduisait, de Lyon, à l'extrémité de l'Aquitaine. Cette route, parfaitement tracée sur certains points, traverse plusieurs hameaux du territoire de Craponne: Montdouilloux, où fut trouvé une pierre milliaire, l'Estrade, Antreuil, Bougerne, Aubissoux. Dans cette partie du Velay, le système de construction de la Boléna comporte trois couches de pierres, diminuant de grosseur à mesure qu'elles se rapprochent de la superficie du sol. Elles sont recouvertes d'un gravier menu, fortement tassé, à la façon de notre *macadam* moderne. Dans la partie de ce chemin, comprise entre Bougerne et Aubissoux, s'étend un vaste champ, que les gens du pays appellent *le Faure* [*Forum*]. C'était peut-être une station pour les troupes en marche, un point de halte. Nous y avons trouvé une médaille de Trajan, en bronze, bien conservée.

M. Bouillé, dans son « Histoire du Puy-de-Dôme », parle d'une seconde voie romaine établie pour faciliter les communications du Velay et de l'Auvergne, et qui, après avoir traversé Marsac et Arlanc, venait se souder à la Boléna, près de Chomelix ou d'Usson. Cette assertion, si elle était fondée, justifierait le nom que porte, à un kilomètre de Craponne, sur la route de La Chaise-Dieu, un pont jeté sur l'Arzon, le Ponternal [pons ternarius]. En effet, la voie romaine indiquée par M. Bouillé et venant d'Arlanc devait, pour atteindre Chomelix, toucher le Ponternal, qui est bien le troisième pont qu'aurait eu à traverser la voie à partir de Marsac, localité que le même auteur signale comme un grand centre de population.

A part ces deux souvenirs de Rome, rien autour de Craponne, rien sur le sol où la ville est assise, rien qui rappelle les conquérants des Gaules; et jamais une fouille n'a mis à découvert le moindre fragment de statue ou de colonne, le moindre vestige de sculpture ou d'inscription.

Ce silence de l'histoire et de l'archéologie ne nous laisse pas, on le conçoit, le courage d'explorer plus longuement ces lointaines époques. Si nous avions, dans une certaine mesure, un peu de bonne volonté, nous pourrions rechercher l'origine du nom de *Marchidial* que porte l'un des faubourgs de Craponne. Nous ne supposerons pas qu'il y eût là une antique habitation [*march*] d'un flamine, d'un grand-prêtre de Jupiter [*flamen Dialis*], bien que ce faubourg, formant autrefois comme un hameau à part, occupe un terrain de tout temps *réservé*, et qui représente assez bien, par sa configuration, la partie de Ruessium qui a conservé aussi le nom de *Marchidial*, et où M. de La Lande voit une habitation de flamines. Nous nous en tiendrons à cette indication. Nous la donnons seulement pour n'être pas accusé d'avoir négligé une particularité qui, si elle avait quelque valeur, pourrait mettre sur la voie d'autres découvertes.

Reportons-nous donc humblement à des siècles plus rapprochés de nous. Ici encore, pendant de longues années, nous trouvons bien peu de renseignements dans la chronique vellavienne.

Et d'abord, d'où vient le nom de Craponne ? Question difficile à résoudre. Faut-il le tirer du nom d'un des patrons de son église, saint Caprais, martyr d'Agen ? Ce rapprochement homonymique pourrait séduire pour peu qu'on fût enclin aux étymologies. Le latin et le grec, *Caprasius* et ονομα, fourniraient les éléments de ce nom. Resterait bien la transposition de la lettre *r* ; mais c'est une particularité sans importance : d'après d'anciennes chartes latines, le patron de Craponne est appelé **Crapasius**.

L'auteur de cette notice s'amusait un jour, dans un cercle d'étymologistes, à émettre cette explication qu'il supposait bien devoir fournir matière aux contradicteurs. On discute, on explore tout le jardin des *racines grecques ;* et, finalement, on ne s'entendait plus, quand un homme d'esprit s'avisa de produire une solution qui, à défaut de vraisemblance, avait au moins le mérite de la nouveauté.

« Vous n'avez pas trouvé le mot de l'énigme, dit-il, le voici : vers l'an 1050, vivait Armand, vicomte de Polignac, il était d'humeur inconstante et légère. Possesseur de nombreuses terres dans la contrée dont Craponne est aujourd'hui le centre, il songeait à y asseoir un château ; mais tout entier à ses guerres contre Pierre de Mercœur, évêque du Puy, ou à ses plaisirs, il remettait d'un jour à l'autre, — comme saint Augustin sa conversion, — la réalisation de ce projet ; et lorsque, dans la langue de l'époque, on lui demandait : « Quand bâtirez-vous votre château ? » il faisait cette perpétuelle réponse : *Cras ponam !* [A demain de le construire !] Enfin, vint un jour où la première pierre fut posée ; et quand l'édifice s'éleva avec ses tours, tourelles et donjon, on le baptisa du nom tant de fois venu sur les lèvres d'Armand : on le nomma Craspona. Puis, grâce à une de ces transformations, œuvres incessantes des siècles, qui rongent les lettres d'un mot aussi bien que le piédestal de l'ambition heureuse, de Craspona sortit Craponne. »

Chacun se prit à rire, en battant des mains, et l'auteur de cet écrit s'applaudit, au fond de l'âme, d'avoir ainsi provoqué une bonne leçon donnée à ces hommes qui sont toujours prêts à trouver la raison de toute chose.

Nous n'aurions pas nous-même profité de la leçon, si nous persistions à vouloir expliquer un mot dont le temps a seul le secret.

III.

Dans un ouvrage imprimé, en 1667, à Amsterdam, sous le titre de « Géographie Blaviane »[1], on lit ce qui suit :

« Craponne est une ville close de murs, assise
» dans le Velay, qui a pris son nom de son fonda-
» teur, ou plutôt son restaurateur. Pour prendre
» ceci en sa source, il faut savoir que Frédérigo
» de Craponá, gentilhomme d'une des meilleures

[1] Chez Jean Blâme; VIIIe vol., contenant la deuxième partie du 14e liv. et le 15e liv. : *De l'Europe, Languedoc, diocèse du Puy*, p. 584.

» maisons de Pise, ayant quelque inclination pour
» le parti des Français, lorsqu'ils couraient ce pays,
» pour se mettre en possession du royaume de
» Naples et de Sicile, se vint rendre en la ville de
» Montpellier, où il épousa une demoiselle de la
» maison d'Andreâ, maison très illustre à Naples
» et en Provence. De ce mariage sortit Gérard de
» Craponne, qui fut chevalier de Rhodes, et, après,
» commandeur. Guillaume de Craponne, son fils,
» se vint domicilier à Salon, environ l'an 1515,
» où il épousa Isabeau, fille de Guillaume, seigneur
» de Châteauneuf, qui lui procréa deux fils et une
» fille. L'aîné fut Adam de Craponne, l'un des plus
» industrieux et ingénieux personnages de son siècle.
» Il bâtit des forteresses admirables pour le service
» et profit de l'Etat, et se fit admirer en la direction
» du canal de Durance, qui, venant d'auprès de
» Cadenet et de La Roque, retient encore aujour-
» d'hui le nom de son auteur, aussi bien que notre
» ville de Craponne. »

Est-ce bien l'origine qu'il faut assigner à cette ville? Impossible. Nous avons en main un nombre considérable de pièces authentiques nommant Craponne bien longtemps avant l'époque assignée par l'auteur de la Géographie Blaviane. Que devient dès lors la valeur de l'assertion ? Le seul moyen de la faire concorder avec les documents qui nous restent, ce serait de supposer une erreur de date chez le géographe. Il faudrait, alors, attribuer l'émigration de Frédérigo à l'époque des premières guerres guelfes et gibelines, vers l'an 1150; et encore y aurait-il trop peu de temps écoulé entre l'époque de fondation ou de restauration, et le premier mot d'histoire qui nous parle de Craponne.

Or, nulle part, nous ne voyons le nom de cette ville avant 1190. On sait que, depuis Charlemagne, les rois de France, — dévots pèlerins à Notre-Dame, — avaient magnifiquement doté les évêques du Puy; Louis VII, surtout, étendit leur domination temporelle, et Philippe-Auguste l'agrandit encore. Nous connaissons la liste des fiefs concédés à ces prélats par la munificence royale; Craponne, — ville ou château, — s'y trouve mentionné.

Voilà pour son existence civile; voici pour son existence religieuse.

Vers 1120, Norbert, de l'une des plus illustres familles d'Allemagne, fuyant le monde et la cour de l'empereur Henri V, s'était retiré dans un vallon solitaire, près de Laon, et avait fait de ce lieu le berceau d'un ordre illustre de chanoines réguliers, l'ordre des « Prémontrés ». Au dire du Frère Théodore [1], l'abbaye de Doue, en Velay, fut le second monastère de l'ordre. Cette institution rayonna bientôt dans toute la contrée, donnant

[1] *Histoire de l'église angélique de Notre-Dame du Puy.*

naissance, partout où l'appelait le bien des âmes, à des prieurés conventuels. Dès l'an 1200, Guillaume de Châteauneuf, écuyer du Vivarais, attribuait à l'abbé de Doue « le droit de patronage et présentation de la cure de Saint-Julien-d'Ance »[1]; et, en 1240, le même droit lui était accordé sur le Pontempeyrat par les seigneurs de Vernassal et de Polignac[2].

Un peu après, Craponne est sous la dépendance spirituelle de la même abbaye. Il en est fait mention dans une bulle datée de Lyon, en 1248, que le pape Innocent IV donna, de la main du vice-chancelier de la sainte Eglise romaine, afin d'établir ou consacrer les privilèges de l'abbaye de Doue[3].

Mais par qui fut conférée sur Craponne cette prérogative de l'abbaye? On l'ignore. Constatons également que le prieur n'a pas seul la haute main dans la localité. La domination des Polignac est là. Dès 1112, ces « rois des montagnes », comme on avait coutume de les appeler, s'étaient emparés de plusieurs points culminants du Velay, construisant châteaux forts, hautes tours, imprenables manoirs, s'assurant, par ce réseau de for-

---

[1] *Notes particulières.*

[2] *Documents particuliers.*

[3] Cette bulle est datée du quatrième jour avant les Nones de novembre, indict. 7e.

teresses, une sorte de suzeraineté sur le pays. Craponne est leur fief, il est aussi le fief de l'évêque, comme nous l'avons vu. Comment, à quelle occasion s'était accompli ce mélange de deux pouvoirs ? Sur quelles chartes conventionnelles naît, se règle, se limite, se pondère, à Craponne, la puissance du seigneur haut justicier et celle du prêtre qui dessert la paroisse ? Personne ne le sait ; le seul fait à constater, c'est que le mélange existe, c'est que les deux hommes sont souvent en contact pour les mêmes affaires. Elles se discutent, elles se terminent avec des droits égaux, ce semble, et plusieurs fois, — il faudra le dire, — au grand bien de la cité.

IV.

On comprend que nous n'ayons point à parler, en ce qui concerne Craponne, de l'administration, des lois et des usages pour cette lointaine époque. Notre petite ville était traitée comme ses sœurs de même importance : Montfaucon, Monistrol, etc. ; et l'on connaît, d'après les excellentes histoires qui ont été écrites sur le Velay et sur le Languedoc, les conditions de la vie au moyen-âge. Deux mots seulement sur quelques-uns des points qui toucheront forcément certains traits de notre esquisse.

Pour le gouvernement ecclésiastique, le Languedoc était divisé en vingt-trois diocèses, trois archevêchés et vingt évêchés. Il y avait dans chaque diocèse, une Chambre du clergé ainsi composée : l'évêque, un syndic, deux chanoines de cathédrale, un chanoine des collégiales, un député des prieurés. Ces membres étaient élus chaque année dans le synode diocésain. A cette assemblée était dévolu le vote des dîmes ordinaires et extraordinaires, dons gratuits, et autres impositions pour les charges du diocèse; il lui appartenait aussi de juger toutes les contestations qui pouvaient survenir en cette matière. En cas d'appel, la cause revenait à la Chambre ecclésiastique de Toulouse, formée de dix syndics généraux, nommés et députés par tout le clergé de la province. Deux conseillers du parlement devaient s'y adjoindre.

Pour l'administration de la justice, le Languedoc était partagé en trois sénéchaussées : celles de Beaucaire, de Carcassonne, de Toulouse. Le Velay dépendait de la sénéchaussée de Beaucaire, depuis les lettres-patentes de Philippe-le-Bel, en 1306. La direction de chaque sénéchaussée revenait à un sénéchal rendant la justice dans toute sa circonscription territoriale, commandant la noblesse quand elle marchait pour le roi, et administrant les finances. Chaque sénéchaussée avait plusieurs districts où gouvernait, dans des proportions moindres mais analogues à celles du grand sénéchal, un lieutenant qui portait le nom de *viguier* [*vice gerens*], ou de bailli. Chaque année le sénéchal devait, par lui-même ou par un lieutenant, convoquer, dans son principal siège, cinq assemblées qui portaient le nom de *Conseils du Roi*, et où prenaient place des magistrats nommés à cet effet. On y promulguait les ordonnances royales; on y jugeait les affaires en première instance ou en appel; on y faisait les règlements de justice ou d'administration. Les sénéchaux ou leurs lieutenants devaient encore, à certaines époques, tenir d'autres assemblées dans chaque chef-lieu de *jugerie* ou *judicature*. Le bailli de son côté, assisté du procureur du roi et du juge de son bailliage, était chargé de la justice et de l'administration des affaires dans la mesure de sa juridiction. Tout relevait du parlement de Toulouse. Au-dessus des sénéchaux et des baillis, le gouverneur général, lieutenant pour le roi dans la province, occupait le haut de l'échelle administrative.

De 1248 à 1302 nous ne trouvons, pour Craponne, que des transactions, ventes, achats, et la discussion de quelques affaires en litige. La ville ne semble pas avoir conscience de son existence comme cité : tout reste dans le cercle étroit des intérêts individuels. A peine un cri, un mouvement, lorsque, en 1302, Philippe-le-Bel ordonna au Puy une assemblée générale pour les Etats du Velay.

Ces sortes d'assemblées, qui comptaient au nombre de leurs membres, les mandataires de notre ville, jouent un rôle trop important dans les annales du Velay, pour que nous ne devions pas rappeler, en peu de mots, quelle était leur organisation.

Parlons d'abord des Etats du Languedoc, desquels relevaient en quelque sorte ceux du Velay.

L'origine des Etats du Languedoc remonte haut dans l'histoire. Cette province était, sous les Romains, du nombre de celles qui jouissaient du *droit italique*, c'est à dire qu'elle n'était, comme l'Italie, passible d'aucun tribut. Seulement, de cinq en cinq ans, ou de dix en dix ans, ou même de vingt en vingt ans, on convoquait, dans ces provinces franches, une assemblée où les députés faisaient des vœux pour la santé de l'empereur, et y votaient, comme offres volontaires, certaines sommes appelées *octrois*. Le Languedoc conserva cet usage sous la domination gothique et sous les comtes de Toulouse. Nos rois laissèrent subsister les mêmes assemblées périodiques.

Après les modifications apportées par le temps et par les ordonnances royales, les Etats du Languedoc furent, dès 1500, ce qu'on les voyait encore en 1789.

Alors trois ordres composaient les Etats : le clergé, la noblesse, le tiers. Le clergé envoyait trois archevêques et vingt évêques ; la noblesse un comte, un vicomte, vingt-un barons ; le tiers-état un ou deux députés pour chaque ville capitale, et de plus, un diocésain pour chaque diocèse, à tour de rôle, à l'exception de la ville du Puy, qui n'avait pas de diocésain. La présidence appartenait à l'archevêque de Narbonne; à son défaut, au plus ancien archevêque ou évêque; et, en l'absence de ces prélats, au vicaire-général du plus ancien. Le comte de rigueur était, de plein droit, le comte d'Alais : il avait, pour la noblesse, la première place, et opinait le premier ; le vicomte obligé était Mgr de Polignac. Lorsqu'un des titulaires du comté, de la vicomté ou des baronnies ne pouvait venir en personne, il devait envoyer à sa place un gentilhomme muni d'une procuration.

L'Assemblée se prononçait sur toute proposition faite par le président. Un prélat opinait d'abord, puis un baron, ensuite deux députés du tiers, appelés du nom de leur ville; et ainsi, en reprenant le tour. Le tiers-état, à lui seul, avait autant de voix que la noblesse et le clergé réunis. Voici dans quel ordre votaient les villes : Toulouse, Montpellier, Carcassonne, Nîmes, Narbonne, le Puy, Béziers, Uzès, Alby, Viviers, Mende, Castres, Saint-Papoul, Agde, Mirepoix, Lodève, Lavaur, Saint-Pons, Alet, Limoux, Rieux et Alais. Les évêques entraient aux États en rochet et en camail; les barons, avec le manteau et l'épée. Ils siégeaient à la hauteur du président, qui avait les prélats à sa droite et les barons à sa gauche; ces derniers, cependant, cédaient le pas au comte et au vicomte.

Outre les trois ordres de la province, trois syndics généraux qui répondaient aux trois sénéchaussées, deux greffiers ou secrétaires, deux trésoriers avaient droit d'entrée aux Etats.

La convocation avait lieu par le ministère d'un commissaire du roi. Ce commissaire n'était admis qu'à l'ouverture ou lorsqu'il avait à faire quelque communication importante; et alors il était reçu : à la porte de l'hôtel des séances, par les trois syndics généraux; dans la cour, par les dix maires et consuls des cinq premières villes ; enfin, au bas de l'escalier, par les barons. Quand il se retirait, les évêques le reconduisaient jusqu'au haut de l'escalier, et les autres corps suivaient le même cérémonial qu'à son entrée. Après la prestation du serment [1], les Etats commençaient leurs délibérations. Là se traitaient les questions de privilèges, de droits, d'abus, de comptabilité, de désordres; là surtout

---

[1] Voici la forme du serment :

« Nous, étant en la présence de Dieu, jurons et promettons de
» procurer de tout notre pouvoir, dans cette assemblée d'Etat, le
» bien et le service du roi, et le soulagement de la province;
» de conserver ses libertés et privilèges, de garder et observer les
» règlements des Etats, et ne consentir point qu'il y soit fait
» aucun préjudice. Nous promettons encore de ne révéler, directement ni indirectement, de bouche ni par écrit, ce qui sera
» dit ou fait qui puisse nuire au général de la province et aux
» particuliers de l'assemblée. Et en cas de contravention, nous
» nous soumettons aux peines portées par les règlements et délibérations de l'assemblée, et telles autres qu'elle voudra ordonner.
» Ainsi Dieu nous aide! »

se votait l'impôt. Antérieurement, sous le régime féodal, l'impôt proprement dit n'existait pas : les redevances du vassal au suzerain en tenaient lieu, et le roi lui-même n'avait que les revenus de ses fiefs. L'impôt régulier ne vint qu'après la création des grands rouages administratifs, qui, nécessitant de plus grandes dépenses, appelèrent de plus forts subsides. Les subsides votés par les Etats étaient répartis sur les vingt-trois diocèses qui composaient la province.

Un mois après la tenue des Etats de la province, devait s'ouvrir l'assemblée particulière du pays, afin d'*asseoir* sur chaque communauté et mandement, l'impôt voté pour chaque diocèse par les Etats-Généraux : cette assemblée prenait le nom d'*assiette*. Elle était composée de l'évêque, de plusieurs barons, d'un commissaire du roi, enfin des députés des villes et lieux principaux du diocèse. Plus ordinairement l'assemblée, dans les provinces du Vivarais, du Gévaudan et du Velay, prenait, au lieu du nom d'*assiette*, celui d'*Etats particuliers du pays*. Voici quelle était la composition des Etats particuliers dans le Velay : l'évêque à qui appartenait la présidence ; le commissaire du roi, le sénéchal, le vicomte de Polignac, qui présidait en l'absence de l'évêque ; huit députés du clergé, prieurs ou abbés commandataires ; dix-huit barons du pays ; les six consuls du Puy, et les députés du Monastier, de Solignac-sur-Loire, Saint-Didier, Montfaucon, Yssingeaux, Tence, Monistrol et Craponne.

Bien que toute liberté fût laissée aux Etats pour le vote des impôts, le commissaire du roi pesait lourdement sur leurs délibérations. Jamais on ne s'en aperçut peut-être davantage, en Velay, que sous Philippe de Valois, à l'occasion de la guerre contre les Anglais. Craponne eut sa grosse part de l'impôt, à ce point que plus d'un habitant fut obligé d'aliéner ses biens pour répondre aux exigences fiscales. Plusieurs parchemins de 1336 donnent pour motif des transactions la difficulté des temps et l'intolérable charge de l'impôt. Nous entendrons plus d'une fois ce cri sortir de notre petite cité. Nulle part plus d'indignation contre les tailles, plus de plaintes, plus de résistances! On s'explique, dès le quatorzième siècle, on devine les luttes du dix-huitième contre les droits immémoriaux des Polignac.

V.

C'est peut-être à cette époque, — vers 1345, — qu'il faut placer la création des foires et des marchés de Craponne.

Une charte d'affranchissement du droit de *leude*[1],

---

[1] Droit pour un seigneur de prélever, dans les terres non *franches*, une somme de quelques deniers sur toutes les denrées livrées au commerce.

délivrée par messire Pierre, seigneur de Chalencon, l'an 1420, en faveur de Jéhan Torrilhon de Paulagnac, parle de ces marchés et évalue, en *cartons* de Craponne, comme d'une mesure bien connue dans le pays, la quantité de blé qu'il requiert pour la suppression du droit : « Sex carthones cum dimidio frumenti, mensura venalis Craponnæ »; il lui remet encore, dit-il, tous les droits qu'il avait à percevoir sur les denrées qui se vendent sur le marché de Craponne « De omnibus quæ vendeant in foro Craponnæ » [1].

D'ailleurs, c'est l'époque de l'établissement des foires et marchés au Puy. Philippe de Valois voulut rendre par le commerce ce qu'il prenait par l'impôt ; heureuse compensation qui donna plus d'écoulement aux produits indigènes, multiplia les rapports, facilita les échanges, tira le montagnard de son isolement, de son apathie, et fit circuler la vie dans ces parties reculées du corps social [2].

Mais pendant que les rois travaillaient à doubler les relations des habitants de nos montagnes et à donner un plus puissant mobile au travail par les concours hebdomadaires du marché, de grands désas-

[1] *Documents particuliers.*

[2] Nous avons lu quelque part que ces foires et ces marchés auraient été transportés de Chalencon à Craponne. Rien ne motive une assertion de ce genre ; l'histoire du pays n'en parle pas plus que la tradition.

tres, d'incroyables perturbations venaient paralyser la confiance : ils arrêtaient, ils brisaient tout mouvement commercial, toute paix. Nous sommes en 1350.

Jean-le-Bon était prisonnier de l'Angleterre. La France, livrée à l'anarchie, se voyait encore sillonnée de bandes armées que le défaut de solde arrachait aux camps, et qui s'en dédommageaient par le pillage. Les paysans, dont on dévastait les champs et dont on incendiait les chaumières, voulurent répondre à ces routiers, à ces « Malandrins ». Ils se formèrent en troupes errantes qui, sous le nom de « Jacques », devinrent des armées formidables, et se mirent à pourchasser nobles et seigneurs. Se venger de l'oppression passée, châtier une lâcheté qui avait retenu derrière leurs tours des gens qui auraient dû verser leur sang pour délivrer le roi, répondre aux premiers besoins de l'indépendance qui s'éveillait, manifester l'énergie patriotique en face de l'invasion étrangère, voilà, pensaient-ils, assez de motifs pour légitimer cette singulière prise d'armes. Quel mouvement populaire a jamais manqué de prétextes et n'a pas trouvé quelques droits à inscrire sur un drapeau ! Quoi qu'il en soit de ces raisons de soulèvement, la Jacquerie eut des apôtres, des chefs, des soldats, surtout en Velay. Les écrits du temps ne sont que doléances et cris de frayeur. Craponne, malgré son château fort, eut à souffrir de cet état de choses ; et s'il ne fût point maltraité, comme le Monastier et Saugues, par Seguin de Badefol, il lui fallut, comme tout le Velay, payer les sommes énormes que ce chef de brigands, par une cruelle distinction, imposait pour la seconde fois à ce pays. Il ne dut qu'à la puissance protectrice des Polignac d'être préservé de plus grands malheurs.

Il ne fallut rien moins que la haute raison, la bravoure, la réputation du grand connétable Du Guesclin, pour arracher la contrée à ces bandes incendiaires. Il eut le talent de les ranger autour de son drapeau, et l'on sait ce qu'il fit avec leur énergie jusque-là sauvage : il nous délivra des Anglais. Son triomphe le suivit dans la mort même : l'ennemi, qui n'eut pas le courage d'être parjure devant le cadavre de ce grand homme, porta les clefs de Château-Randon sur son cercueil.

D'ailleurs le pays épuisé, chaque petite ville présentait des requêtes au roi pour être dégrevée d'une partie de ses impôts ; heureuse lorsque, pour appuyer ses réclamations, elle trouvait un puissant avocat près du trône ! Craponne eut ce bonheur. Le seigneur de Polignac obtint de Charles V, en 1372, que cette ville fût déchargée des impôts qui se levaient pour la guerre.

Le duc de Berry, successeur de Gaston-Phœbus, comte de Foix, gouverneur de la province, convoqua au Puy, en 1381, les Etats réunis du Vivarais, du Velay, du Gévaudan et de l'Auvergne. Craponne y envoya ses députés et fournit pour la défense du pays son contingent d'hommes d'armes. C'est tout ce que nous savons pour cette époque.

VI.

Le quinzième siècle s'ouvrit, pour Craponne, par une transaction entre ses habitants et Guillaume de Chalencon, pour certaines redevances échues et l'abolition de certains droits [1]. C'était comme un don de bien-venue que faisait le noble seigneur.

Armand III, vicomte de Polignac, lieutenant général du dauphin de France [Charles VI], dans les pays de Velay, Gévaudan, Vivarais et Valentinois, était mort après avoir disposé de la vicomté, avec toutes ses dépendances, en faveur d'Armand de Montlaur, son petit-fils, voulant ainsi réparer la substitution que son frère Armand VI avait faite au profit de son neveu Pierre de Chalencon. De là procès entre les maisons de Chalencon et de Montlaur. Chalencon eut gain de cause devant le parlement de Paris. Par suite de l'arrêt, Guillaume-Armand de Chalencon, arrière-petit-fils de Guillaume de Chalencon et de Walpurge de Polignac, obtint, avec

---

[1] *Documents particuliers.*

la vicomté de Polignac, les baronies de Solignac, de Randon, Randonat, Saint-Paulien, Ceyssac, Saint-Agrève, Craponne. Une condition lui fut imposée : il devait porter le nom et les armes des vicomtes de Polignac [1].

On conçoit qu'après une succession semblable, Guillaume voulut faire preuve de générosité en accordant, dans ses vastes domaines, des lettres d'affranchissement. Il les multiplia presque à profusion en faveur de Craponne, qui se sentait des vouloirs d'indépendance. Autour de la ville se groupaient déjà un grand nombre de hameaux : Rochette, Aubissoux, Soulaige, Rachapt, Bougerne, Byssac, Douilhoux, La Monaste, Olhias, Ranschoup, etc., etc. C'était plus qu'il n'en fallait pour désirer les droits d'une vie propre et libre. Et cependant, tout, autour d'elle, était tributaire de Polignac. Il n'y avait guère de terres *allo-*

---

[1] G. de Chalencon, qui avait épousé W. de Polignac, dernière héritière de ce nom, n'était lui-même que le descendant d'un Polignac qui, dans les temps anciens, avait pris le nom de Chalencon, pour perpétuer cette famille tombée en quenouille. LA CHENAYE DES BOIS, dans son *Nobiliaire*, appuie ce fait de l'opinion générale, et lui donne une date. L'honorable président de la Société Académique du Puy, M. A. de Brive, a vu une lettre du maréchal de Vaux, qui rapporte les termes d'une conversation qu'il avait eue dans sa jeunesse avec le cardinal de Polignac, et de laquelle ce fait résulte également.

diales ou en *franc-alleu* [1] que ses nombreux communaux affranchis en quelque sorte par une possession immémoriale, si jamais ils avaient été grevés d'un tribut quelconque. Chaque citoyen était enfin avide d'avoir plein droit sur le bien qu'il fécondait de son industrie ou de ses sueurs. Aussi, de 1400 à 1424 seulement, nous comptons vingt transactions de ce genre et pour des portions considérables de terrain [2]. La commune se constitue ou se fortifie rapidement.

[1] Par le *franc-alleu* on entend, dans le Languedoc, une manière de propriété libre de sa nature, indépendante de tous seigneurs, à tenue de Dieu seulement. Par le fondement que, par le droit écrit, tous les fonds sont censés libres, si le contraire n'est prouvé. Au lieu que, dans les autres pays, la maxime : *Nulle terre sans seigneur*, a lieu; et, par là, tous les fonds sont présumés assujétis, s'ils ne sont affranchis par les seigneurs. [*Mémoire à Louis XIV sur le Languedoc, par* DAUDET, *gouverneur de cette province ; manuscrit*, 1715.]

[2] Voici le préambule de ces actes :
« Au nom de Dieu, *Amen;* et à tous ceux qui verront et liront ce
» présent instrument, soit notoire que l'an de l'incarnation de Notre
» Seigneur mil quatre cent vingt, et le dix-huitième jour du mois de
» novembre, au règne de souverain prince Charles, par la grâce de
» Dieu, roi de France, et R. P. en Dieu messire Guillaume de Cha-
» lencon, évêque du Puy et comte du Velay permanent, et haut et
» puissant seigneur messire Pierre de Chalencon, en présence de moi
» notaire et témoins bas nommés, personnellement établi le noble et
» puissant seigneur, lequel, de son gré et libre volonté, pour lui, ses
» héritiers et successeurs à l'avenir, a vendu, et par titre de pure et
» irrévocable vente, baillé, cédé, remis et transporté, et baille,
» cède, remet et transporte à...., etc. [*Documents particuliers*, en latin.]

La trop fameuse Isabeau de Bavière, cette messaline du quinzième siècle, avait livré la couronne de France à l'Angleterre. Le duc de Bourgogne, digne serviteur d'une semblable cause, attend la soumission du Languedoc aux vues de l'odieuse régente. Le Languedoc subit le joug ; mais le Velay résiste. Dans sa faiblesse, il a le courage de rester fidèle au parti de la légitimité. Ce sera pour son malheur peut-être ; qu'importe ? Mieux vaut le devoir que la paix. Il sera donc envahi ; mais il ne cédera point. Les Bourguignons arrivent : ils s'emparent des hauteurs qui bordent le Velay, et marchent vers le Puy. Craponne se trouvait sur la route des Bourguignons : la ville subit-elle la loi du plus fort, ou lui fut-il possible de lutter sous la sauvegarde du château où les Polignac tenaient garnison pour le *roi de Bourges ?* Il faut croire à la résistance et à la fidélité de ses habitants. Charles VII voulut probablement leur en témoigner sa reconnaissance en leur accordant, par lettres-patentes du 21 juin 1438, datées de Bourges, la permission de clore et fortifier leur ville [1].

A cet acte de fidélité se rattache, d'ailleurs, une tradition locale que nous devons noter en passant :

L'armée bourguignonne, suivant la route de Montbrison au Puy, s'était arrêtée au Pontempeyrat. Une

---

[1] *Archives de Polignac*, n° 16 dans l'inventaire.

femme, Catherine Belloreille, simple matelassière, mais d'une énergie qu'avait grandie la guerre civile, instruite des projets de cette troupe que servait si bien dans le voisinage le sire de Rochebaron, s'en vint, toute haletante, porter la nouvelle à Craponne. Division dans la cité. On se prononce, qui pour Isabeau de Bavière, qui pour le roi. Comme toujours il arrive, le plus mauvais parti fut le plus exalté, le plus audacieux. Son exaltation, son audace se traduisent en voies de fait déplorables. La violence allait triompher du bon droit. Catherine Belloreille, digne devancière de Jeanne Hachette, prend une lance et s'écrie : « A moi ! qui aime le roi me suive ! » La portion fidèle de la population s'enthousiasme, suit l'héroïne, et se poste sur le chemin que doivent suivre les Bourguignons. L'ennemi paraît. Déjà des sentiments meilleurs sont revenus aux habitants restés dans la ville : ils se joignent à l'attroupement qu'anime encore Belloreille ; et cette fois, tous unis autour du château, ils s'apprêtent à combattre. L'ennemi, jugeant l'attaque inutile ou dangereuse, passa outre. Mais le lieu où s'étaient retirés d'abord les partisans du roi, prit et conserve encore le nom de *Faubourg des Constants*[1]. Voilà la tradition : nous ne la discutons pas, nous la rapportons.

---

[1] G. des Fauchers, dans une de ses notes, signale une inscription qui se lisait sur la clef de la porte de ce faubourg. Nous n'avons pu la retrouver.

Nous ne parlerons ni du voyage de Charles VII en Velay [1420], où sa bonne ville de Notre-Dame lui promit *obéissance de vie et de biens* jusqu'à la mort, ni de la reprise d'armes du sire de Rochebaron, ni de la proclamation du dauphin à Espaly [1422]. Sans doute, Craponne eut ses appréhensions et ses joies; son château, comme ceux de tout le Velay, moins Servissas, Fay et Bouzols, tint bon, et, plus que jamais, ses habitants se donnèrent corps et âme à celui qu'ils avaient aimé dauphin et qu'ils devaient aimer davantage depuis que, à deux pas de leurs montagnes, il avait été porté sur le pavois et proclamé roi de France.

Quelque chose de plus certain dans toutes ces guerres, c'est la bravoure d'un craponnais, Jean Saignard de Sacellange. Ce fut lui qui offrit à Charles VII les premiers drapeaux pris en Velay sur l'ennemi. Ce prince étant au Puy en 1439, pour présider les Etats, voulut laisser à ce gentilhomme un souvenir de sa gratitude. On en jugera par la pièce suivante :

« Maistre de nostre hostel, et vous, maistre et
» controsleur de nostre chambre aux deniers, sça-
» voir faisons que, pour le bon rapport qui faict
» nous a esté des sens, loyauté et diligence de
» nostre bien-aimé l'escuyer Jean de Saignard, et
» pour considération des bons services qu'il nous
» a faicts, le temps passé, au faict de nos guerres;

» et comme nous a esté remontré, et espérons que
» plus il fasse icelui Jean de Saignard. Pour ces
» causes et aultres à celles mouvantes, l'avons,
» aujourd'hui, retenu et recevons, par ces pré-
» sentes, nostre premier escuyer d'écurie, pour
» nous servir dorénavant audict office, aux hon-
» neurs, prérogatives, franchises, libertés, gages,
» hostellages, lucraisons, droits, profits et émo-
» luments accoutumés, et qui y appartiennent. Si,
» nous mandons et expressément enjoignons à
» chacun de vous si, comme à lui appartiendra,
» que pris et reçu dudit Jean de Saignard le ser-
» ment sûr et accoutumé, et nostre présente retenue
» enregistrée ès-registres, papiers et escripts de
» nostre dicte chambre aux deniers, avec celle de
» nos aultres officiers de semblable retenue estant
» du même office, ensemble des honneurs, préro-
» gatives, franchises, libertés, gages et hostellages,
» lucraisons, droits, profits et émoluments des sus-
» dits faites, soufrés et laissés jouir et user plei-
» nement et paisiblement, en lui payant iceulx
» gages et hostellages, aux termes et en la manière
» accoutumée. Nous voulons que tout ce soit compté
» et payé par vous, maistre de nostre chambre
» aux deniers, par nos amis et féaux gens de nos
» comptes, auxquels mandons et ordonnons ainsi
» le faire sans difficulté, nonobstant quelconques
» ordonnances, restrictions, mandement ou défense
» à ce contraires. »

VII.

De 1459 à 1465, rien à noter dans notre petite ville, si ce n'est quelques transactions entre les habitants et Polignac, quelque extension de plus donnée à la cité. Seulement, comme à travers toutes ces guerres qui furent aussi funestes à la domination féodale qu'à l'étranger, la noblesse, frappée souvent par la main royale jusques dans ses plus chers et, ce semble, plus imprescriptibles privilèges, craignait l'envahissement complet de l'indépendance sur ses droits, les Polignac, dès 1451, se hâtent par des actes nombreux, de renouveler leurs titres, de constater leur propriété sur Craponne. Ils reprennent, pour ainsi dire, pied sur cette terre dont, depuis tant de siècles, ils sont les seigneurs. Vaine précaution! La féodalité s'écroule comme les vieilles tours derrière lesquelles elle s'abrita. Louis XI s'attache à en saper la base; il va, malgré des clameurs impuissantes qui s'élèvent sous prétexte d'ingratitude et d'oppression, placer un pouvoir central, organisateur, hiérarchiquement administratif et absolu, au-dessus de ces mille principautés remuantes, toujours en rivalité et en guerre, oppressives souvent, et dont l'arbitraire seul ou la passion réglementait quelquefois les droits pour les vassaux.

Pendant que le dévot pèlerin de Notre-Dame du Puy, Louis XI, abaissait autour de lui les individualités seigneuriales, Craponne élevait ses murailles et ses tours [1450]; créait pieusement des fondations pour ses morts; agrandissait, grâce à la munificence de ses habitants, son église paroissiale de quelques chapelles [1477]; obtenait, pour prison prévôtale, un étage du donjon de son château [1458], et taxait, sur estimation, pour la taille due au roi, les biens-fonds des forains de son mandement [1].

Mais ce qui domine dans les actes que nous avons de cette époque, ce sont les legs pieux. Toute la vie, tout le mouvement est autour du presbytère. La paroisse, c'est la commune; l'église, c'est presque toute la cité. Depuis que l'étroite chapelle du

---

[1] 4 mai 1480. Transaction passée entre les habitants de la ville de Craponne et Pierre de La Chaud, Jacques et Caprais Monate, du lieu de Courbevaisse, par laquelle ceux-ci s'obligent à payer la somme de quatorze sols pour chaque cent livres de la valeur de leurs fonds, pour la taille due au roi; le tout par provision et jusqu'à ce qu'il sera fait une estime générale de tout le mandement, le fort portant le faible, et eu égard à l'estimation faite par Jean Chomette, d'Argentière, à cet effet député par le sénéchal de Beaucaire... Reçu Rochette, notaire. — Le diocèse du Puy était divisé en 205 mandements. Une étendue quelconque de sol, dépendant d'un même seigneur, ne constituait qu'un mandement. De là, pour plusieurs mandements, une configuration bizarre, des formes irrégulières.

château, aux écussons armoriés de Polignac, *fascés d'argent et de gueules de six pièces*, s'était élargie d'une nef latérale, puis de deux, ensuite de chapelles parallèles aux nefs, chaque fidèle, dévotement fier du patronage de saint Caprais, voulait y avoir une place ; chaque famille, sa sépulture.[1] Aussi, c'est à qui, dans ses dispositions testamentaires, stipulera des donations, dressera des croix sur les chemins, versera l'huile dans les lampes du sanctuaire, et instituera des offices à perpétuité pour soi et pour les siens.

En juillet 1523, la ville de Craponne reçut des lettres-patentes de François Ier, pour l'achèvement de ses fortifications. Le travail, commencé sous Charles VII, avait été interrompu par la peste qui, en 1482, ravagea le Velay. Depuis, ces constructions n'avaient pas été reprises. Toutes les ressources s'étaient épuisées dans les réparations, agrandissement, embellissement de l'église, et aussi dans la construction d'une maison plus convenable pour le prieur. Cependant une ligue redoutable s'était formée contre François Ier. Charles-Quint, Adrien IV, Henri VIII, Venise, Milan, Gênes,

---

[1] Cette ambition d'être inhumé dans l'église donnait quelquefois lieu à d'étranges transactions. Ainsi, nous trouvons un homme de ce temps accordant à son tailleur le droit d'être inhumés, lui et son épouse, dans la chapelle de sa famille, à la condition que le tailleur le fournira d'habits jusqu'à sa mort.

Florence, en un mot tout ce qui comptait en Europe, s'était coalisé contre lui. Il était urgent de se préparer à toutes les éventualités d'une invasion étrangère. Il fallait aussi se prémunir contre les attaques du dedans. Il y avait des traîtres. Le premier, le plus dangereux, était le plus grand seigneur du royaume, le duc de Bourbon. Ces raisons déterminèrent François Ier à faire clore les villes et fortifier les châteaux.

Les travaux entrepris à Craponne exigent des dépenses extraordinaires. Il faut y subvenir par de grands moyens [1528]. D'une part, on s'efforce de diminuer les autres charges de la communauté, et de l'autre, on contracte des rachats de dîme à messire Louis Forestier, chanoine de Notre-Dame du Puy, prieur de Craponne[1] : transactions qui portent sur *agnels, gélines, bleds et fruits*. On ne discute pas la légitimité de cet impôt; on le croit juste, nécessaire; on sait qu'il remonte à des époques reculées; mais on fait appel au cœur du prêtre, on invoque la nécessité; et tout s'arrange à l'amiable, *sous le bon plaisir du siège apostolique* et de la cour souveraine de Toulouse.

Ces travaux occupèrent les habitants de Craponne pendant plusieurs années. La ville n'était pas close encore, que survenaient des ennemis autres que ceux qu'on attendait. Le calvinisme, qui fut le

---

[1] 25 mars 1528; reçu *Sapientis*, en latin.

prétexte ou la raison de tant de crimes, dirigeait ses bandes sur le Velay. Un de ses chefs, qui laissa dans le Dauphiné, dans le Forez surtout, les tristes souvenirs de son implacable et froide cruauté, le baron des Adrets nous envoya le plus exalté, le plus violent, sinon le plus habile, de ses lieutenants, Blacons. En quelques jours, il atteint nos montagnes, entraînant sur son passage le paysan ruiné, le fils de famille insoumis, l'homme aux passions fougueuses, l'ami de l'indépendance, le rêveur anticipé de transformations sociales par le sang. Il ne trouva que trop de ces hommes disposés à tout entreprendre, et après être parti de Montbrison avec quelques compagnons seulement et deux ou trois petits canons, il se vit, en arrivant au Pontempeyrat, environné d'une véritable armée de gens de tout nom et de toute bourgade, dépourvus, pour la plupart, d'arquebuses et de pertuisanes, mais bientôt habitués à se faire d'une fourche, d'un bâton, d'une faulx, une arme plus redoutable que celle des miliciens réguliers.

Cette troupe se grossit bientôt des religionnaires du Puy, de Fay, de Saint-Agrève. Le rendez-vous avait été donné à Pontempeyrat, et de là on devait se porter sur la cité Anicienne, dont les riches églises offraient un puissant appât à leur cupidité, qui était plus en jeu que la passion religieuse.

Mais Craponne se trouvait sur la route. La ville avait fait bonne contenance, quand passa la recrue envoyée du Puy, etc., etc.; son château avait de nombreux arquebusiers postés là par le grand justicier Polignac. Ses murailles inachevées laissent voir encore des tranchées ouvertes et des portes mal fermées; mais il y a, derrière, une milice citoyenne qui a confiance en saint Caprais, et qui ne compte pas tellement sur le patron seul de la ville, qu'elle n'ait *lance au point*. C'est donc prudent, pour l'armée religionnaire, de passer outre. Et puis, est-ce bien la peine de marchander un logement d'étape à si chétive cité, quand, après quelques heures de marche, on peut apercevoir Corneille et piller Notre-Dame du Puy? L'essentiel, c'est d'aller vite et sans coup-férir. On surprendra les Aniciens, avant peut-être que la nouvelle de cette nouvelle prise d'armes leur arrive. *A Notre-Dame* donc, et paix à saint Caprais!

Les religionnaires en furent, presque partout, pour leurs frais de sacrilège et de fureur. En somme, le Velay fournit peu d'adhérents à cette secte incendiaire, et il dut être compris, comme tout le Languedoc, dans les félicitations que donnèrent au pays les Etats tenus à Béziers, en 1567 [1].

---

[1] Délibération du 15 novembre. « L'assemblée, traitant de la religion et grands inconvénients qui sont advenus tant en icelui pays que partout le royaume, par le moyen de ceux qui se sont

Cette même année, dans les prévisions d'une invasion nouvelle, Craponne, sur la proposition de ses procureur et syndic, Maurice Ardaillon et et Jean Torrilhon, songea à réaliser encore des économies sur les finances de la Communauté, en faisant, avec le prieur, des abonnements réductifs de la dime. On avait trouvé, nous l'avons vu, bon accueil auprès de dom Forestier; les prieurs Jean de Rochette, Daurat, Chapot et Valentin, plus tard chanoine de Notre-Dame et abbé de Saint-Vozy, imitèrent leur prédécesseur. Tandis que, en ce même temps, le vicomte de Polignac faisait inventaire et nouvelle notification de ses titres, droits et privilèges pour sa seigneurie de Craponne [1570], les prieurs accordaient à leurs paroissiens trop chargés, de ces

départis de la vraie, et ancienne et catholique religion romaine, que Sa Majesté le roi tient, a arrêté de faire entendre à icelle Majesté qu'encore qu'aucun du pays se soit débordé de la vraie religion, qu'aucun délégué en prisse consentement à ce qu'il fût baillé temple à ceux de la secte, si est néanmoins que le pays ducment assemblé, ayant expressément révoqué le consentement, et déclaré se vouloir maintenir, vivre et mourir en la religion catholique, apostolique et romaine, sans aucunement s'en départir; se sentant bien heureux, ledit pays, de ce que la Majesté du roi, suivant les vestiges de ses prédécesseurs, depuis le roi Clovis, se maintient et soutient dans ladite religion catholique. »

larges et paternelles concessions qui honorent une sage administration dans la postérité.

VIII.

Henri III avait succédé, en 1574, à Charles IX, dont l'histoire indignée flétrira à jamais les sanglantes immolations. La Saint-Barthélemy se dressera éternellement devant son ombre comme un spectre odieux qu'heureusement la religion n'a pas à reconnaître !.... Triste règne, d'ailleurs ! règne de hontes, de lâchetés, de dissipations, de guerres, de catastrophes, et qui finit par le crime de Jacques Clément ! Des concessions prudentes qui, pour le temps, étaient des trahisons véritables envers les catholiques ; l'Eglise chassée de l'Etat, le besoin de représailles, la fédération des huguenots ; des passions individuelles qui tenaient à se couvrir d'un manteau, tout poussa la portion des masses extérieurement fidèle à la vieille foi, à chercher un drapeau et des chefs. Une vaste association se forme, s'organise, se donne des mots d'ordre d'un bout de la France à l'autre, et la colère, aussi souvent que la croyance, développe si bien les solides mailles du réseau, qu'en peu de jours cette association a ses apôtres et ses soldats dans la province la plus reculée et jusques dans le plus ignoré des hameaux : c'est *la Ligue.*

Personne ne devait mieux servir cette cause dans le Velay, personne ne la servit mieux que le baron de Saint-Vidal, si fameux dans nos fastes vellaviennes. Cette grande croisade devait aller à son humeur guerroyante, à ses habitudes prises contre les routiers et pour Blacons, à sa foi de bon catholique, à ses traditions de famille. Saint-Vidal s'y jeta en jeune gentilhomme et en vieux capitaine; il en accepta toutes les péripéties et tous les dangers; il ne faillit à aucun des devoirs de ligueur : il n'oublia aucun des articles du symbole qu'avaient adoptés et que traduisaient singulièrement, chaque jour, les Joyeuse, les Mayenne, les Guise.

Les religionnaires lui préparèrent, au milieu des montagnes du Velay, un labeur dans la mesure de son énergie. Une des bandes qu'il s'attacha surtout à combattre, fut celle que conduisait le trop célèbre capitaine Merle, dont l'audace, sans conviction religieuse, effrayait et désolait le pays.

Ce brigand était venu surprendre Craponne. Personne n'était sur ses gardes dans la ville, et le château lui-même n'avait qu'une faible garnison [1577]. Merle attaque; il a bientôt fait brèche aux chétives murailles; il pille, il rançonne les habitants pour les punir d'une résistance inutile.

Quand il s'est emparé du château, où il lance

une poignée de ses gens, il repart, comme l'arabe, emmenant avec lui, jusqu'à la ville d'Ambert qui était devenue son quartier général, tous ceux qui n'avaient pu payer le tribut imposé par le vainqueur à la ville conquise.

A cette nouvelle, Saint-Vidal accourt ; il chasse ou tue les soldats du farouche capitaine, et se dirige sur Ambert. Après un siège inutile de quelques jours, il va se joindre à l'armée du duc d'Alençon qui fait le blocus d'Issoire; mais on ne put, quoique la ville fût prise, s'emparer de l'insaisissable et presque invisible routier.

Le 4 avril 1579, Henri III, instruit des ravages que Merle avait faits à Craponne, envoya l'autorisation de relever et parachever les murailles, *tours, fossés, portaux et autres fortifications nécessaires, et de les joindre au château y étant.*

C'était la troisième fois que, sur ordonnance royale, les habitants se mettaient à l'ouvrage. Certes, cette fois on ne pouvait y mettre aucun retard. Les ruines étaient encore là, les rues sanglantes, le deuil partout! Les sacrifices ne coûtèrent rien : on le voit par les conditions que l'on fit à l'entrepreneur. On voulut surtout qu'il se hâtât. Mais pour ne pas laisser, dans l'intervalle des reconstructions, la ville sans défense, on appela une garnison de cent gens d'armes, hommes de cheval, hommes de pied, lesquels prêteraient main-forte à la milice urbaine, plus que décimée.

En moins de deux ans, la ville était fortifiée ; elle avait de larges fossés, une ceinture de murailles, quatre portes, huit tours [1586].

Quant à la réparation du château, on n'y songea pas. Cette charge revenait à Mgr de Polignac. Il n'en eut pas le temps, s'il en eut la volonté. Le gouverneur Saint-Vidal, prenant en considération plusieurs délibérations des Etats, ordonna la démolition des châteaux qui, ruinés dans les guerres, ne pouvaient plus que servir d'asile aux religionnaires ou aux malfaiteurs. Le château de Craponne fut compris dans l'ordre du puissant baron : il fut rasé. La cour d'honneur, où, dans les réceptions seigneuriales, paradèrent, avec tous les brillants atours du temps, nobles châtelaines, hauts barons, gentils pages, robustes archers, innombrables serviteurs, devint pour les habitants la simple *place du Fort*, nom qu'un ironique souvenir a conservé jusqu'à nos jours. Avec les débris de ce manoir colossal, de moins sévères habitations furent construites pour les citadins : le donjon seul demeura debout entre ces ruines. Il subsiste encore aujourd'hui ; reste imposant sans doute, mais qui parle, avec ses pierres noires et disjointes, d'une puissance comme tant d'autres évanouie!... Une horloge [1] est placée au sommet ;

---

[1] « Transaction passé entre M. Claude Fonton et Jean Girard,

elle a marqué des jours et des siècles plus orageux encore que les jours et le siècle dont la foudre épargna ce donjon! Qui sait les révolutions dont elle marquera encore les heures!

Et qu'importait, après tout, aux Polignac la destruction entière de ce château? Ils n'aimaient point, il paraît, à se sentir ainsi pressés, dans leur manoir, par cette ville dès lors rêveuse d'indépendance ; il leur fallait plus d'air, plus d'espace pour les courses du jour ou le nonchaloir de la soirée. Dès 1540, ils avaient jeté les yeux sur une riche métairie, gracieusement assise, à quelques centaines de pas de leur castel, le Crozet. Ce castel, aux lourdes tours crénelées, détruit, ils transformèrent la riante *villa* en splendide château.

consuls, d'une part, et Antoine Beyssac, maître *horlogeur*, de la ville du Puy, au sujet de l'arrêt de la cour des aides par lui obtenu contre la Communauté, en paiement de la *faction* de l'horloge de cette ville, estimée être de la valeur de plus de deux mille cinq cents livres; et par laquelle ledit Beyssac, considérant qu'il est originaire de la ville de Craponne et qu'il avait toujours eu de l'amitié pour la Communauté, se départit de l'effet et force dudit arrêt, à la charge que lui sera fournie par la Communauté la somme de cinquante livres de pension pendant quarante années pour tous salaires, façon et fournitures, et de faire célébrer par la Communauté, à perpétuité, une messe à haute voix, à chaque jour de saint Antoine, son patron, à son intention, à commencer après son décès. — Reçu Mosnier, notaire; — 17 février 1690. »

IX.

Des murailles ne préservent pas d'un fléau. Cette même année 1586, le Velay, déjà si malheureux des guerres religieuses et de leurs tristes conséquences, fut ravagé par la peste. Les mémoires de l'époque en font une de ces peintures à rester toujours dans les souvenirs. Elle eut tous les caractères, toute la ténacité de la fameuse peste noire de Florence. C'était trop d'un fléau; il en vint un second, la famine. Aussi, Dieu sait comme la population fut décimée! Plus d'une fois, dans certains centres de population, les cadavres restèrent des semaines entières sans sépulture; ils attendaient que passât le charriot sinistre, corbillard banal qui emportait, à jour dit, toutes les victimes dans une fosse commune.

Craponne eut sa part dans les pertes. Les écrits du temps chargent bien la nécrologie! Ils élèvent le chiffre des morts, ville et campagne, à plus de trois cents. Il fallut, en effet, que le fléau fût bien intense! On fit de grandes dépenses pour l'assainissement et, comme le disent les écrits de l'époque, *pour la désinfection*. Précaution inutile! La mortalité continua. Alors la population effrayée chercha à désarmer le Ciel. On s'imposa des jeûnes, on fit des amendes honorables en public, des processions, tout ce que la foi peut inspirer dans de semblables désastres. Enfin, on jeta, à la place d'une croix qui était sur l'ancien chemin de Craponne au Puy, les fondements d'une chapelle dédiée à saint Roch. — On fit le vœu d'aller processionnellement, à perpétuité, à cette chapelle. La tradition ajoute que la peste cessa aussitôt. Cette procession se fait encore chaque année. La confrérie des Pénitents y assiste, et les quatre membres qui portent la statue du saint libérateur, marchent pieds nus et la face voilée.

Cette confrérie existait à Craponne depuis quelques années. Elle eut les ferveurs et les exagérations des corporations de ce genre, les *flagellants* et autres. Le pape Paul V leur envoya, de Saint-Marc de Rome, à la date de 1608, une bulle ainsi conçue, que les Pénitents conservent comme le plus riche trésor de leurs archives.

« Paul, évêque, serviteur des serviteurs de Dieu, à tous les chrétiens qui ces présentes verront, salut et bénédiction apostolique.

« Considérant la fragilité de notre mortelle existence, l'état et la condition de la nature humaine, ainsi que la sévérité des jugements de Dieu, nous souhaitons que les fidèles préviennent la rigueur de la justice divine par les prières et les bonnes œuvres, au moyen desquelles ils puissent effacer leurs fautes pour obtenir avec plus de facilité la jouissance d'une éternité bienheureuse.

« Instruit que, dans l'église de Craponne, diocèse du Puy, il existe une édifiante et pieuse confrérie de Pénitents de l'un et l'autre sexe, consacrée, pour le salut des âmes, à la louange de Dieu tout-puissant, et érigée sous l'invocation et le titre de la bienheureuse Vierge Marie, avec règlement établi pour toute sorte de personnes, nous avons fait cette érection pour que tous les confrères puissent se livrer plus particulièrement à la pratique des vertus, par l'exercice de la prière et des œuvres de piété. Désirant le bien et la prospérité de la confrérie, nous recommandons qu'elle soit maintenue, non-seulement dans l'exercice de ses fonctions, mais que tous les confrères soient d'autant plus portés à visiter leur église, qu'elle sera élevée en plus grand honneur par les indulgences y attachées, tant pour le respect et la vénération qui lui sont dus que par le concours des autres fidèles qui viennent lui rendre leurs hommages et devoirs de piété, comme tout bon chrétien doit faire; afin que tous étant remplis et comblés des dons célestes, et par les suffrages des bienheureux apôtres saint Pierre et saint Paul, ils se reposent sur la miséricorde de Dieu tout-puissant et de Jésus-Christ notre rédempteur. » — Suit le dispositif.

Nous n'avons pas à nous occuper davantage de

cette confrérie où se faisaient un honneur d'entrer le bourgeois et l'ouvrier, le grand seigneur et le paysan, tous pieusement réunis comme des frères, partageant, sans distinction aucune, les charges et les dignités de l'ordre, dont décidait le scrutin. Tout a été dit, écrit sur ses usages : le suaire dont les confrères se voilent la face aux jours de pénitence ou de deuil; leur large robe blanche, leur bâton doré, surmonté de statuettes d'anges ou de saints en groupe; leurs longs offices chantés, leurs processions, — celle surtout du Jeudi-Saint, aux flambeaux, où toute l'histoire de la passion est redite par ces chants graves et tristes, figurée par cette exhibition d'instruments d'un long supplice, qui ramène sous nos yeux, à tant de siècles de distance, le calice de la cène, le manteau et le sceptre de dérision, les trente pièces d'argent, la tunique sanglante, les cordes, les chaînes, l'éponge trempée de fiel, l'échelle, les clous, la couronne d'épines, la lance du soldat, la croix, le linceul — ; rien n'a été omis de l'histoire générale de ces corporations dans le midi. Nous aurions peu de grâce à le redire, quand surtout la confrérie de Craponne, bien qu'elle ait eu jusqu'à six cents membres, n'a été qu'une faible copie de celles de Nimes, Marseille, Toulouse, Montpellier...... Hélas ! quand l'élément humain prétend s'isoler de l'élément qui empreint d'immortalité toutes les institutions, il périt infailliblement! Ici, comme en d'autres lieux, la confrérie des pénitents blancs n'a guère conservé, de l'institut primitif, que son costume et son nom!...

Nous sommes rappelé par une autre institution dont Craponne fut longtemps glorieuse, *le Consulat*.

Nous avons pu, à grands efforts de recherches, dresser à peu près exacte, la liste de ses titulaires depuis cette année 1586, jusqu'à leur suppression [1].

[1] 1586. Entrée à l'assiette.	Aurier, Durand.	1598. Entrée à l'assiette.	Porrat. . . . . .
1587.	Simon Fonton, Ant. Chomette.	1599.	Pierre Durand, nre. . . . . . .
1589.	Jacq. Torrilhon, Ph. Gaillard.	1600.	Jacq. Torrilhon, Simon Fonton.
1590.	Entrée à l'assiette.	1602.	Entrée
1593.	Jacq. Torrilhon, Ph. Gaillard.	1606. 1610.	à l'assiette.
1594.	Entrée à l'assiette.	1614. Entrée à l'assiette.	Claude Marcon, Pons Aurier (*).
1596.	Simon Fonton, Pre Planchaud.		
1597.	Simon Fonton, Antoine Chouvet.	1619.	Louis Bley, Antoine Mosnier.

(*) Cette famille avait donné plusieurs membres à la magistrature. L'un fut célèbre avocat à Toulouse. C'est lui qui a fourni au P. Niceron, auteur des « Mémoires pour servir à l'histoire des hommes illustres », des détails biographiques sur André Valladier. Voici comment le P. Niceron parle de lui : « Cet article m'a été envoyé de Toulouse par une personne » d'esprit et de mérite dont on a déjà vu quelques morceaux curieux dans » ces mémoires. »

Mais il n'est pas douteux que les consuls aient été en charge chez nous bien avant l'époque

1621.	Mathieu Hauve, Jean Montagne.	1645.	Maurice Rodial.
1622.	Pierre Valentin.	1645.	Ant. de Vinols d'Yneyre,
1623.	Pierre Daurelle.		Jacq. Sapientis.
1624.	Claude Picon, Pierre Terrasson.	1646.	Claude Parrel.
		1647.	Noël Valentin, Louis Vincent.
1625.	Georges Beldon, Antoine Albosc.	1648.	Jacques Porrat. Martial Terrasson
1626.	Jacq. Montagne, Claude Terrasson.	1649.	Math. Maillard. Jacq. Sapientis.
1627.	Pierre Daurelle.		
1628.	Jean Fonton, Cl. Ranchoup.	1650.	Pierre Barjon, Vital Mosnier.
1629.	Simon Ardaillon, Pons Aurier.	1654.	Pierre Favalier, Antoine Carle.
1634.	Pierre Terrasson.	1656.	Blaise Maillard, Claude Privat.
1636.	Pierre Favalier, Antoine Donat.	1658.	Benoît Dupoux, Pierre Sapientis.
1637.	Pierre Valentin, Jean Porrat, Cortial, greffier.	1660.	Claude Parrel, Claude Salanon.
1638.	Pierre Aurier, Martial Terrasson	1661.	Jacques Hauve, Ben. Montagne.
1639.	Antoine Chapot, Guill. Rochette.	1662.	Pierre Favalier.
		1663.	Jean Chapot, Jean Julien.
1640.	Pierre Marcon.		
1641.	Jean Pastel, Pons Privat.	1664.	Louis Parrel, Jean Bonnat.
1645.	Nicolas Porrat,	1666.	Pierre Malaure.

marquée par cette date. Avec son génie d'imitation, il n'est pas croyable que Craponne, qui

1668.	Pierre Barjon, Ant. Rousset.	1689.	Christ. Valentin.
1669.	Pierre Privat, Pierre Acarion.	1690.	Claude Fonton. Jean Girard.
1672.	Claude Parrel, Claude Salanon.	1691.	Gaspard Debrye, Claude Bonnat.
1675.	Louis Porrat, Jean Pinet.	1692.	J.-P. du Favet de Sasselange, Claude Vasserol.
1675.	Pierre Pastel, Vital Grivel.	1693.	Jérôme Ardaillon, Mathieu Boulle,
1678.	Jacq. Gaillard, Michel Cortial.	1694.	Ant. Vincent, Simon Boulle.
1679.	Gabriel Pastel.	1695.	Damase Calemard Antoine Carle.
1680.	Valentin.		
1681.	Franç. Favalier, Vital Pergier.	1696.	J.-B. Parrel, J.-B. Montagne.
1682.	Jacques Dupoux Gge. Ranchoup	1697.	J.-B. Montagne. Vital Mosnier.
1683.	Pierre Breul, Matth. Bufferne.	1698.	Jérôme Grand, Barth. Thévenon.
1684.	Pierre Chapot. Antoine Vincent.	1699.	Claude Parrel, Jean Lassaigne.
1685.	Georges Beldon, Claude Barjon.	1700.	Hilaire Barjon, Etienne Privat.
1686.	Jean Dupoux. Pierre Ranchoup.	1701.	Pierre Porrat. Franç. Vernadet.
1687.	Pierre Aurier. Jean Julien.	1702.	Jean Mosnier. Pierre Boulle.
1688.	Guill. Barjon, Ant. Boulle.	1703.	Laurent Delors. Jean Jourde.
1689.	Pre Courdouan,	1704.	J. Pic. de l'Estrade

avait toujours été jaloux de s'administrer à l'instar des cités plus importantes, se soit abstenu de

1704.	Pierre Martin.	1748.	Jean Bachelier.
1705.	Pierre Pastel, Claude Jourde.	1719.	Pierre Breul, Franç. Cortial.
1706.	Claude Vasserol. Sébast. Rochette.	1720.	Pierre Martin, François Pergier.
1707.	Antoine Pastel, Jacq. Bonnefoux.	1721.	Pierre Dupoux. Joseph Montagne.
1708.	Etienne Privat. Benoît Mosnier.	1722.	Antoine Mosnier. A. Charbonnier.
1709.	Ant. Porrat des Pradeaux, J.-B. Lassagne.	1723.	Pierre Chapot, Domin. Girard.
1710.	Jean Girard, Ant. Ranchoup.	1724.	Joseph Courdoan, Claude Roche.
1711.	Antoine Carle, Pierre Chapot.	1725.	Simon Marcon, Pierre Sapientis.
1712.	Jacq.-Caprais Aurier d'Ollias, Pre Ranchoup.	1726.	A.-V. d'Antreux, Franç. Vernadet.
1713.	Cl.-Ant. Gallet, Jean Valentin.	1727.	Charles Gallet, Maurice Privat.
1714.	Claude Aurier de Piessac, Pierre Privat.	1728.	J.-B. Grand, Marcelin Barjon.
1715.	Jacques Beldon. Jacques Malbot.	1729.	Louis Parret, Pierre Privat.
1716.	Pierre Porrat, Ant. Mosnier.	1730.	Les mêmes.
1717.	Pierre Favalier. Benoît Vincent.	1731.	Jos. Montagne, André Poncet.
1718.	P. Porr. du Cluzel	1732.	Domin. Girard. Pierre Bardon.
		1733.	Pierre Hauve. Jacq. Chevalier.
		1734.	Pierre Marcon,

donner à ses administrateurs civils un nom qui caressait ses idées républicaines.

1734.	Benoît Vernadet.	1734.	Charles Gallet.
1735. 1736. 1737.	Les mêmes.	1735.	Claude d'Aurier de Piessac, Jean Fayolle.
1738.	Charles Gallet. Simon Valentin.	1736.	Pierre Mosnier, Jos. Delaigue.
1739.	Joseph Torrilhon de Prades, J.-B. Derrodes.	1737.	Hilaire Favier, J.-B. Rochette.
1740.	Ant. Maillard, Pierre Duroure.	1738.	P.-Cap. Martin, Pierre Donnat.
1741.	Gabriel Pastel, Marcelin Roux.	1739.	Henri Delort, Caprais Faucon.
1742.	Les mêmes.	1760.	Antoine Bouchet, Jean Vignon.
1743.	Idem.		
1744. 1745. 1746. 1747. 1748. 1749.	Jean Faconde Dupoux, Pierre Chiron Duplessis.	1761.	Gab. Porrat des Pradeaux, Caprais Poncet.
		1762.	J.-B. Parrel de Reiraguet, Gabriel Pergier.
		1763.	Maurice Privat, Ant. Vernadet.
1750.	P. Ch. Duplessis, Charles Gallet.	1764.	Alexis Porrat Delolme, P.-Geoff. Bodin.
1751.	Pierre Duplessis, Henri Carle.		
1752	Pierre Duplessis, Charles Gallet.	1765.	Ant. d'Aurier, P. Delaigue.
1753.	Pierre Duplessis, Henri Carle.	1766.	Antoine Gallet, Gabriel Pergier.
1754.	Pierre Debois Joly Duplessis,	1767.	Dominiq. Garde. J.-B. Bardon.

Le Consulat, à Craponne, était presque ce qu'il fut au Puy. Les deux Consuls dirigeaient, comme les capitouls à Toulouse, comme les échevins à Paris, les affaires de la Communauté et de la justice. Leur administration s'étendait à tous les intérêts de la ville, quelle que fût leur nature. A eux de convoquer le *Conseil politique*, d'assurer la levée des tailles, la perception des autres impôts; à eux les clefs de la ville, le soin de sa défense. Au Puy, les consuls apposaient à leurs

1768.	P.-Roch Privat de Trioulet, J.-B. Pergier.	1779.	J.-P. Donnat.
1769.	N.-R. de Vinols, Domin. Boulle.	1780.	Jos.-P. Torrilhon Benoit Vayres.
1770.	P^{re} Dubois Joly Duplessis, Claude Faucon.	1781.	Pierre d'Aurier, Benoit Veyres.
1771.	Claude d'Aurier, Franç. Delaigue.	1782.	Pierre d'Aurier, Barthél. Faucon.
1772.	Pierre Mosnier, Jacq. Desrodes.	1783.	J.-F. Liogier, Barthél. Faucon
1773.	Les mêmes.	1784.	J.-F. Liogier, Aug. Boulle.
1774.	*Idem.*	1785	Gabriel Porrat du Cluzel, Aug. Boulle.
1775. 1776. 1777.	Caprais Gallet-Fontneuve, Caprais Grand.	1786.	Gabriel Porrat du Cluzel, Dubois Joly Duplessis.
1778.	Caprais Gallet.		
1779.	P.-J. Torrilhon d'Autrac,		

actes le sceau de la cité ; à Craponne, ces actes recevaient l'empreinte des armes du seigneur de Polignac, de la main du juge civil et criminel du mandement.

Les Consuls étaient nommés généralement pour une seule année, quelquefois pour deux, rarement pour plus longtemps. Le Conseil politique était chargé de cette nomination. Ce Conseil était composé de huit membres, nommés eux-mêmes par l'assemblée universelle des citoyens, convoquée, à son de trompe, par le bailli, et autorisée par le procureur fiscal. Le Conseil prenait, sur le nombre des candidats consulaires, six membres qu'il rangeait en deux classes de trois membres. Dans la première classe, où ne devaient figurer que des hommes nobles ou bourgeois, on choisissait le premier Consul ; le second Consul était pris dans la deuxième classe ; le tout au scrutin secret et à la simple majorité. Le bailli ou le lieutenant de juge surveillait et légalisait l'élection ; le procès-verbal portait, avec sa signature, celle du greffier consulaire : ce dernier était nommé au vote secret pour un ou deux ans[1].

L'élection des Consuls une fois constatée, le

---

[1] Tous ces détails sur le Consulat de Craponne sont tirés des délibérations authentiques de l'assemblée urbaine, que nous avons entre les mains.

Conseil politique, en compagnie des Consuls sortant de charge, se rendait chez le premier Consul nommé. Le nouvel élu recevait des mains de son prédécesseur les insignes consulaires avec harangues de félicitations. On se rendait ensuite chez le second Consul, pour lequel le deuxième Consul sortant accomplissait le même cérémonial.

Ces formalités remplies, les nouveaux élus se rendaient chez le bailli, à son défaut chez le lieutenant de juge, et, la main sur l'Evangile, ils prêtaient le serment en la forme qui suit : « En présence de Dieu, je jure de bien et fidèlement exercer la charge de Consul, conformément aux arrêts de Sa Majesté le roi et des Etats ; de soutenir les intérêts de cette Communauté, et de ne rien faire ni innover qui puisse lui être préjudiciable. »

Le soir, il y avait illumination, joyeux festin, feux de joie, etc.

Les Consuls portaient la robe rouge, bordée d'hermine, avec l'écharpe blanche, dans les solennités religieuses où ils avaient, d'habitude, la préséance. Pour les cérémonies ordinaires, dans le simple exercice de leurs fonctions, ils avaient sur l'épaule gauche une sorte de *pallium* écarlate qu'on appelait *chaperon* [1].

---

[1] Ce n'était pas toujours sans difficulté qu'on faisait accepter

L'année suivante, 1587, le seigneur de Polignac continua d'aliéner des portions considérables du terrain qu'il occupait encore dans la ville, dénouant ainsi peu à peu ces liens séculaires qui ne se rompirent complètement qu'à la révolution de 1789.

X.

Pendant ce temps, la Ligue, mieux organisée partout, plus chaudement patronée par de grands noms, la Ligue se propageait dans le Velay. Le baron de Chaste venait d'être nommé sénéchal, il tenait, lui, pour le parti du roi; et du haut château de Polignac, dont il était le seigneur depuis qu'il avait épousé la veuve du vicomte, il surveillait et paralysait, autant que possible, les machinations de la « Sainte-Union ».

Craponne, comme Le Puy, comme presque toutes les villes du Velay, resta fidèle à la cause royale. De Chaste y mit une garnison, et tous les efforts des agents actifs de la Ligue ne purent

---

la seconde place de Consul. L'amour-propre y mettait plus d'une entrave. Ainsi, parce que, dans l'élection, un des élus trouva jointe à son nom la qualification de *marchand*, il refusa, disant qu'il *boutiquait* bien, mais qu'il n'était pas marchand de profession.

ébranler la foi politique des habitants. Mais ce que l'intrigue n'avait pu obtenir, la force l'obtint.

Vers le mois d'août 1590, Saint-Vidal, récemment nommé grand maître de l'artillerie de France et gouverneur, pour la Ligue, dans le Velay et le Gévaudan, vint, avec des forces trop imposantes pour qu'il y eût longue résistance, reprendre Craponne au nom du duc de Nemours. Ce dernier arrivait en Velay, et bientôt toutes les villes du pays, tous les points importants furent occupés par ses gens.

Avec cette lutte obstinée de part et d'autre, avec les marches et contre-marches de tant de troupes qui traitaient la contrée en terre conquise, on peut se faire une idée de la triste situation de la ville et des campagnes : elles étaient taillées à merci, rançonnées tour-à-tour par les partis contraires, obligées, dans le même jour quelquefois, de saluer deux drapeaux ennemis, inquiétées aujourd'hui par les ligueurs, demain par les royalistes, un autre jour par les routiers, subissant tous les caprices que leur imposaient la force et l'audace.

Pendant l'armistice, qui ne fut guère qu'apparent, conclu entre le duc de Nemours et le baron de Chaste, les ligueurs avaient quitté Craponne. Dans l'intervalle, un soldat royaliste fut tué. Par qui? On l'ignore; mais, un matin, son cadavre fut trouvé au pied des murailles. Grande rumeur dans le parti du défunt. On adresse lettres sur lettres aux Consuls pour se plaindre, pour menacer. On va piller la campagne, incendier les métairies, saccager la ville, si une rançon n'est point payée. Il fallut s'y soumettre[1]. Sans cela, que serait-il advenu? A cette époque, les vengeances étaient si terribles!

Pour mettre fin à tant de maux, il ne fallait qu'une satisfaction à la conscience catholique, l'abjuration du Béarnais. Henri IV accomplit cet acte aux applaudissements de la France, qui avait préféré la guerre civile et toutes ses fureurs à la possibilité d'avoir pour chef un roi calviniste.

Mais tous les partis ne s'éteignent pas avec l'élément qui les met en feu. Restent toujours la passion individuelle, l'intérêt ou l'orgueil. Voilà pourquoi, toute cause de rébellion ayant cessée, le Velay ne se soumit pas complètement. Craponne cependant, moins tenace que Saint-Didier et que d'autres villes, ouvrit d'elle-même ses portes au roi, heureuse de pouvoir, à l'ombre de l'autorité souveraine, alléger ses tribulations.

Craponne avait perdu plusieurs hameaux de son taillable et mandement : Ollias, La Monate, Le Vernet-Chabre, Le Montel-de-Soulage, etc., etc. Les collecteurs de la province d'Auvergne avaient

[1] Documents particuliers.

profité des troubles pour les comprendre illégalement sur leurs rôles. Ces hameaux s'étaient d'ailleurs prêtés d'assez bonne grâce à cette usurpation. Ils y avaient intérêt. Craponne avait de grands sacrifices à s'imposer et pour ses murailles et pour sa garnison. Il y avait nécessité à augmenter, à doubler souvent les charges de l'impôt. La Monate, Ollias, etc., voulurent s'y soustraire. Il leur était moins onéreux de subir le taillable d'Auvergne; ils l'acceptèrent. Craponne, trop occupé des guerres, dépourvu de protections, ou trop malheureux pour faire entendre ses réclamations, dut se résoudre au sacrifice.

Cependant, la guerre finie, ce ne fut point là sa préoccupation. La cité consulaire avait à cœur l'exclusion d'un diocésain aux Etats du Languedoc. Elle chargea, de concert avec les sept autres villes, le syndic du diocèse de réclamer auprès des Etats assemblés à Béziers. Ceux-ci prirent simplement acte de la demande et n'y donnèrent pas suite. Mais Craponne ne voulut point subir cette fin de non-recevoir et formula d'énergiques protestations dans les délibérations de son conseil politique en 1614, 1785 et 1788.

Les habitants se préoccupèrent dès lors de la situation matérielle de la ville. Des réparations étaient nécessaires. Mais où trouver les ressources? La communauté avait épuisé les siennes. La reddition de compte des Consuls présenta, pour l'année présente et celle qui l'avait précédée, un déficit énorme dont les guerres expliquèrent tristement la cause. De l'avis du conseil politique, et sous le bon plaisir du seigneur de Polignac, les nouveaux Consuls, Simon Fonton et Pierre Planchard, vendirent, *à nouvelle assance et investison perpétuelle,* plusieurs communs et terrains vagues, les uns sans charge autre pour l'acquéreur que le prix de vente, les autres au cens de trois deniers tournois pour chaque écu d'or, au profit de Mgr le vicomte.

Grâce à ces aliénations qui produisirent une assez forte somme, les dégâts furent réparés. On put même songer à des embellissements. Le pavé fut renouvelé ; des fontaines jaillirent sur plusieurs places.

Mais les forains, imposés aussi pour un surcroît de taille qui se surajoutait aux sommes produites par les ventes, réclamèrent contre ces charges dont ils prétendaient n'être pas les bénéficiaires. Sur leurs plaintes et doléances, le juge général des terres de Polignac, le sire Dolézon, rend une ordonnance qui met les forains en dehors de la contribution supplémentaire à celle de l'année. Les citadins résistent ; les Consuls portent l'affaire devant la Cour des Aides de Montpellier [1], de

---

[1] « La Cour des Aides fut établie en Languedoc par Charles VII,

laquelle le Velay relevait depuis 1526. Les forains prétendaient, — et c'était vrai, — qu'ils avaient eu, dans les guerres, la plus grosse part d'infortune. Dénués de tout secours, on avait pillé chez eux, ravagé, incendié leurs propriétés; les troupeaux avaient été enlevés, les fermes réduites en ruines, les hommes maltraités, faits prisonniers, souvent tués; ils étaient toujours sous le coup de la dévastation et de la violence. Et les habitants de la ville, eux, qu'avaient-ils eu à souffrir? Le plus souvent, ils avaient vécu tranquilles, à l'abri des vexations de tous les jours, presque sans inquiétude, comptant, à bon droit, sur leur garnison, sur leurs murailles. Etait-il raisonnable de faire entrer les forains pour quelque chose dans des réparations dont, le cas échéant, ils n'auraient pas à profiter? Ce n'était ni

---

avec droit de connaître de tout ce dont connaissaient les généraux de finances de Sa Majesté, pour les aides et tailles que l'on levait sur le peuple; et ce en la même forme et manière que les généraux sur le fait de la justice à Paris, c'est-à-dire en qualité de cour souveraine. Il n'y eut d'abord que six officiers établis en cette compagnie : l'archevêque de Narbonne, l'évêque de Laon, l'évêque de Béziers, Armand de Marais, maître des requestes de l'hostel, Pierre Dumoulin et Jean des Arcis, licencié en droit civil et canon. Cette compagnie fut rendue sédentaire à Montpellier en 1467, comme le Parlement avait été rendu sédentaire à Toulouse en 1444. »

(*Mémoires sur le Languedoc.* — *Manuscrit.*)

raisonnable, ni juste. La Cour des Aides le jugea ainsi ; et, par son arrêt du 16 décembre 1605, elle vida la cause en faveur des forains.

XI.

Pendant quelques années, l'histoire de Craponne se confond tout-à-fait dans l'histoire générale du Languedoc. La Communauté ne révèle sa vie que par de pieuses fondations [1], par la création de confréries [2] ; elle est toute entière aux œuvres de foi et de charité, oubliant ainsi, dans les choses

---

[1] Fondation faite par noble Claude Piron, seigneur de l'Estrade, en faveur de l'église paroissiale, de dire et célébrer à haute voix, et à diacre et sous-diacre, une messe le 12 octobre, translation de saint Caprais ; et ladite messe finie, MM. les prêtres iront en corps à la chapelle dudit fondateur et chanteront le *Libera*. Et ce, à perpétuité, etc., etc. — 2 avril 1554. Reçu D'AURELLE. — Fondation faite par dame Gabrielle Bardon, veuve de François de Vinols, en faveur de l'église, pour être dite et célébrée à perpétuité, dans la chapelle du saint Rosaire, une messe à perpétuité, à diacre et à sous-diacre, chaque premier dimanche du mois, avec un *Salve regina*. 15 décembre 1618. Reçu DURAND.

[2] Fondation de la Confrérie du saint Rosaire, le 15 février 1648. Reçu TORRILHON, n^re.

les plus consolatrices de ce monde, les jours mauvais qui avaient terminé l'autre siècle. Tandis qu'elle consigne à peine, dans ses fastes, cette froide note : « Payement de la somme de mille livres
» accordée par les habitants de la ville de Cra-
» ponne à haut et puissant seigneur messire Ar-
» mand, vicomte de Polignac, seigneur de Cra-
» ponne, pour le droit de taillabilité à lui dû à
» cause du mariage de Mlle Philliberte de Poli-
» gnac et messire Christophe-Melchior de Beaufré-
» mont, baron de Meillan et Tourzel », on se préoccupe avec complaisance de l'installation d'un curé, des réparations d'église [1], des indulgences

---

[1] La deuxième travée d'aujourd'hui — nef et bas-côtés — formait la chapelle du château. La longueur de cette chapelle — qui est encore bien marquée par quatre figures symboliques qui étaient à l'entrée — est devenue la largeur de l'église actuelle qui, à diverses époques, s'est développée jusqu'à ce qu'elle atteignit, en 1762, sa cinquième travée. Elle n'a point de caractère architectural déterminé et ne se distingue que par une régularité rigoureuse. Sa nef est lourde et ne s'élève pas plus haut que ses bas-côtés. Ceux-ci, fort étroits, semblent se donner de l'espace et s'élargir au moyen de chapelles latérales, au nombre de douze pour toute l'église. Ses arcs-doubleaux, dont la courbe est légèrement ogivale et qui sont portés par des piliers massifs dont quelques nervures et quelques plis fouillés longitudinalement dans la pierre dissimulent mal la lourdeur, soutiennent des voûtes en retombées coupées d'arceaux en diagonale. Au point d'intersection de ces vives arêtes, sont des clefs de voûte arrondies et saillantes. Sur dix-sept, douze sont armoriées ; un épais badigeon voile

accordées par un souverain pontife [1], sur d'infimes détails de marguillerie.

Il ne faut, pour distraire la cité de toutes ces préoccupations religieuses, il ne faut rien moins que le meurtre dont avait été victime, en 1635, un des consuls de la province. C'est à Agde que s'était commis le crime : « Mgr l'évêque d'Agde a remon-
» tré aux Etats avoir été commis dans ladite ville
» un très-grand excès par un officier du régiment
» de Vitry. Que ledit officier, à la vue de tout le
» peuple, avait cruellement meurtri un consul de

---

les traits les plus significatifs de l'écusson ordinairement encadré dans une couronne assez gracieusement découpée. D'autres petits écussons, sans armes visibles, et opposés par la pointe, sont placés au point central des cintres qui ouvrent chaque travée. La façade en pignon a, pour toute ornementation, deux rangées de pierre en saillie de 50 centimètres de dimension, et à 2 centimètres de distance l'une de l'autre, le tout terminé par deux sphères fort allongées. Cette façade nue, et dont le milieu n'est occupé que par une croisée à plein-cintre comme celles de tout l'édifice, est du plus mauvais effet. A quelques mètres du fronton, s'élance la flèche hexagone, recouverte en lames d'ardoises, qui fit longtemps l'orgueil de Craponne. Cette flèche est véritablement hardie. Cependant, la tour large et carrée qui la supporte n'est pas plus en proportion avec la hauteur de l'aiguille qu'avec les dimensions du monument. La partie la plus élégante de l'église est le chevet, à l'extérieur.

[1] Bulle du pape Innocent X qui accorde un privilège pendant sept ans à l'autel de la chapelle des âmes, à condition qu'on y célèbrera sept messes par jour. — 6 juillet 1658.

» la ville portant la livrée consulaire, en faisant
» les fonctions de sa charge pour comprimer une
» émeute qui avait été faite dans ladite ville par
» l'insolence des soldats dudit régiment; que le
» crime avait demeuré impuni, faute d'avoir pu
» arrêter le meurtrier, lequel s'était sauvé à la
» faveur du régiment. Qu'il serait digne de cette
» assemblée de s'intéresser dans cette cause et
» donner protection aux consuls [1]. » Craponne n'a
rien à voir dans cette affaire, il est vrai, mais l'honneur du consulat est en cause, et Craponne tient
à cette institution! A lire les délibérations qui se
succèdent, à voir les plaintes, cris d'indignation,
protestations qui se font entendre, il semble que
le crime atteint un consul de Craponne et que nul
supplice ne saurait le punir [2]. Légitime susceptibilité et qui honore plus nos aïeux que ce mépris
dédaigneux ou frondeur dont on couvre aujourd'hui,
du haut de sa petitesse personnelle, tout ce qui
est dignité ou pouvoir.

Tout n'avait pas été joie dans ces quelques années
de tranquille administration. Il y avait eu un grand
jour de deuil.

André Boutier, docteur de l'Université de Paris,

---

[1] Délibérations des Etats du Languedoc. — Présid. de l'arch. de Narbonne. — 1635.

[2] Documents particuliers.

prieur de la maison des Carmes de cette dernière ville, et provincial de l'ordre en France, s'était retiré à Craponne[1], après avoir travaillé longtemps à l'œuvre de Dieu et introduit des réformes et une règle plus austère chez les Carmes de Clermont. Ce qui l'avait attiré dans notre ville, on l'ignore; mais enfin il avait édifié le pays par ses vertus douces et aimables; il avait silencieusement fait le bien; il était vénéré comme un saint. Sa mort fut l'occasion d'un deuil général. On l'ensevelit, dans le chœur de l'église, en grande pompe, et celui qui n'avait recherché que l'obscurité eut ses triomphes à cette heure où finissent tous ceux de cette vie.

L'année 1645 marqua, pour Craponne, par la fondation du monastère des Dames de saint Augustin. Les Augustines de la maison-mère, laquelle était établie à Vals, près le Puy, en avaient obtenu l'autorisation de l'évêque et du vicomte de Polignac, après transaction, pour le local, passée entre les habitants et messires Pierre Leblanc et Georges Pradier, docteurs en théologie, chanoines de l'église cathédrale, de Notre-Dame. L'inauguration eut lieu sous le consulat de MM. Antoine de Vinols d'Yneyre et Jacques Sapientis qui lui donnèrent

---

[1] Bibliothèque imp., n° supplém. français 176. — Audigier, Histoire d'Auvergne, t. VI.

toute la solennité possible. C'était le premier monastère fondé, de mémoire d'homme, à Craponne, et chacun était heureux de faire bon accueil à ces filles de la solitude et de la prière. Dame Justine Réal fut placée, comme supérieure, à la tête de cette maison qui fut en pleine prospérité jusqu'en 1792. A cette époque, la maison fut vendue, à l'enchère, comme bien national [1], et la chapelle où, pendant un si grand nombre d'années, pour me servir d'une phrase de Sylvio Pellico, « avaient tant résonné des gémis- » sements de femmes et des hymnes saints, re- » tentit de blasphèmes et de chansons profanes, » cette chapelle devint une halle au blé !....

Louis XIV était monté sur le trône depuis le 14 mai 1643 ; il n'avait que cinq ans. Aussi la France eut-elle à subir toutes les intrigues et tous les malheurs d'une minorité. Anne d'Autriche, Condé, Turenne, Mazarin, voilà de grands et beaux noms ! Mais avec tant d'habileté et de gloire, que de mesquines susceptibilités, que de mauvais vouloir et de cabale ! La France en souffrit ; et si, au dehors, ses armes victorieuses portèrent son drapeau à la hauteur que désignent Rocroy, Philisbourg, Nordlingue, Gravelines, au

---

[1] Sait-on combien le monastère et ses vastes dépendances furent vendues ?.... 2,000 fr. à la surenchère.

dedans, que de troubles, de petites querelles, que de complots, d'arrestations et d'exils!... A la vérité, les provinces reculées s'en ressentirent moins qu'au voisinage de Paris; mais partout des tailles forcées, des exactions de tout genre, des levées de troupes!.... Chaque ville vit énormément grossir ses dépenses.

Plusieurs fois Craponne eut à souffrir du passage des troupes, de leur séjour fréquent dans l'enceinte de ses murailles, de leur mauvaise discipline. Quand, en 1646, le premier consul, Pierre Parrel, eut à rendre ses comptes à la communauté, il constata un déficit considérable et il se plaignit amèrement au commissaire général des comptes des comptables du diocèse du Puy et pays de Velay et d'une surcharge qui allait mal à la position budgétaire de ses administrés. Plainte vaine, que de nouvelles exactions firent, plus d'une fois, renouveler !....

Craponne mit moins de mauvaise humeur à s'imposer extraordinairement, en 1650, pour donner à la haute flèche de son clocher, qui fit si longtemps son orgueil, une plus brillante sonnerie. Ce fut joyeuse fête dans la cité que ce baptême de plusieurs cloches! Ses Consuls, Pierre Barjon et Vital Mosnier, y mirent de la bonne volonté. Ils livrèrent, ce jour-là, au vent d'une belle matinée, les plis mouvants de leur robe rouge et de leur blanche écharpe, comme aux grandes solennités. Ils paradèrent en toute pompe à la cérémonie religieuse, avec le bailli, le juge, le procureur fiscal et le greffier consulaire [1]. Le soir, précédés du fifre, du tambour et du violon, ils vinrent, après une *farandole* générale, mettre, de leur main, la flamme au feu de joie allumé sur la grande place de l'église [2].

La ville eut bien une autre joie! Par un privilège très-ancien, la province entière du Languedoc n'avait pas à recevoir de troupes en quartier d'hiver. Mais, comme nous l'avons vu, les troupes qui stationnaient momentanément dans l'été, ou qui étaient simplement de passage, ruinaient parfois, tourmentaient toujours les populations. Le lieu de l'étape était surtout le théâtre des déprédations les plus grandes. Il y avait bien un étapier général avec lequel la province entière passait bail pour trois ans [3], et qui devait, son prix reçu, tout fournir aux gens d'armée; mais, à

---

[1] Le greffier consulaire était nommé par Mgr de Polignac.

[2] Prix fait des cloches, par messire Valentin, docteur en théologie, prêtre et curé de Craponne, honorable homme Antoine de Vinols et Noël Valentin, députés par la ville, en faveur de Nicolas Marre, fondeur de Brioude. — Reçu Barjon, 22 mai 1550.

[3] C'est la province qui fournit l'étape aux troupes du roi; elle en fait le bail à un étapier général tous les trois ans. Les troupes sont mieux traitées que dans les autres provinces. « Mémoire manuscrit sur le Languedoc. »

cette époque de discipline imparfaite et de troubles, que faisait un bail au soldat? La justice pouvait-elle être pour lui chose à considérer? Il ne cherchait que son bien-être et ne s'inquiétait de nulle autre chose.

Depuis longtemps Craponne éprouvait les effets de cette fâcheuse situation. Mais à qui s'adresser? Tant de fois les plaintes avaient été inutiles! Il vint un jour à la pensée des habitants de recourir à un homme dont la religion avait forcément attendri l'âme, l'abbé de Polignac, et que des souvenirs de famille, des bienfaits héréditaires rattachaient à leur ville.

Sur une simple pétition présentée, au nom de Craponne, par le syndic général de la province, l'abbé de Polignac promit d'intervenir, et par ses démarches il obtint en faveur de la ville la suppression du passage de l'étape.

Or, le 15 septembre 1664, l'abbé de Polignac arrivait de Paris dans ses terres du Crozet. Déjà le Conseil politique s'était réuni l'avant-veille; on avait délibéré, et la fête devait reproduire le programme arrêté par l'assemblée. Ce jour-là donc, une députation, choisie dans le Conseil politique, en compagnie des deux consuls, s'en vint, en costume des grandes fêtes, en avant de la porte du Marchidial, par où devait arriver l'abbé. La milice citoyenne, lance au poing ou arquebuse au bras, était là, précédée de vingt-cinq cavaliers et formant une troupe de quatre cents hommes. Une foule de curieux suivait, ou plutôt la ville entière servait de cortège aux magistrats.

Monseigneur de Polignac, en habits de cour, noirs, se présente enfin, monté sur un cheval blanc dont la selle rouge, brochée argent et soie, portait en bosse, entre mille broderies qui couraient en tous sens, les armoiries réunies de Polignac et de Chalencon [1].

Le premier consul, Pierre Favalier, s'avance au devant de l'abbé, et, s'inclinant profondément, il déroule un blanc vélin qui contenait sa harangue. C'était le langage de la reconnaissance dans les phrases ampoulées que n'avait pas encore exclues le génie de Pascal, de Racine, de Bossuet, et qu'a si bien ridiculisées Molière. Mais il y avait du cœur dans ces congratulations. On remerciait chaudement M. de Polignac; on s'offrait à lui corps et âme; on l'appelait un père et un *dieu*.

L'abbé rendit grâces au consul, atténua modestement son intervention et se mit à la disposition de ceux qu'il pouvait considérer encore comme ses vassaux.

La harangue ne traduisait pas seule toute la

---

[1] Les armes de Polignac portaient : *fascé d'argent et de gueules de six pièces.* — Chalencon avait : *échiqueté d'or et d'azur de quatre points à la bordure de gueules, semée de fleurs de lys d'or.*

gratitude de la ville. On offrit, en présent, au bienfaiteur les cinquante plus beaux moutons qu'on avait pu trouver ; rustique cadeau, digne des temps homériques ou des bergers de Virgile, et qui provoque aujourd'hui le sourire.

XII.

L'abbé de Polignac était depuis quelque temps au château du Crozet, quand son père, le vicomte Gaspard-Armand y arriva. Le noble seigneur venait surveiller l'estimation de cette terre et s'occuper de la vente. En effet, le 20 septembre 1656, l'acte fut passé en ces termes : « Par devant le notaire
» tabellion royal, establys en leurs personnes
» hauts et puissants seigneurs messires Gaspard-
» Armand, vicomte de Polignac, chevalier des
» ordres du roy, seigneur et baron de Randon,
» Randonnat, Solignac, Sainct-Paulien, Craponne
» et autres places, gouverneur pour sa majesté en
» la ville du Puy, et Louis-Armand de Polignac,
» marquis de Chalencon, seigneur et baron de
» Loudes, Montauroux, Sainct-Douis, Sainct-
» Pal, Tiranges et autres ses places, son fief, de
» luy authorisé et émancipé, solidairement l'un
» pour l'autre, d'une part; et noble Jean Tor-
» rilhon, sieur de Vacherolles, d'autre part; les-

» quelles parties, de leur gré, ont faict les pactes,
» conventions, eschanges et permutations suivan-
» tes : savoir est que lesdicts seigneurs de Poli-
» gnac ont baillé, comme par ces présentes baillent,
» quittent, cèdent, remettent et transmettent au-
» dict sieur de Vacherolles, avec promesses de
» maintenir et faire jouir leur chasteau et do-
» maine noble du Crozet, avec ses appartenances
» et despendances, sans rien réserver en iceluy, etc. »

C'était encore un anneau qui se brisait dans la longue chaîne qui unissait notre ville à la famille de Polignac.

Cependant les rapports ne furent pas tellement disjoints que les Craponnais se crussent dispensés de certains égards envers les nobles seigneurs. En l'année 1660, au 3 juin, ils députèrent quelques notables à madame la vicomtesse pour « la félici-
» ter, dit la chronique, de l'heureuse naissance
» de monsieur le marquis de Polignac. » On joignit aux félicitations — c'était l'usage — un présent de 450 livres.

Certes, cette même année, ils étaient loin d'avoir à se louer des procédés du vicomte! Celui-ci demandait, sans raison, aux habitants de Craponne et des paroisses en dépendant, on ne sait quel droit d'amortissement. Ceux-ci firent difficulté de supporter une charge qu'ils considéraient comme insolite. « Le sieur de Polignac en fut si irrité,
» dit le document que nous avons sous les yeux,

» qu'il envoya *gast* et garnison dans les maisons
» des habitants qui avaient osé résister à sa vo-
» lonté, ce qui jeta un si grand trouble dans la
» ville que un chacun, craignant de plus grands
» malheurs, s'offrit à payer. »

Mais les consuls en appelèrent, l'année suivante, à la cour du parlement de Toulouse ; ils mirent un certain acharnement dans la poursuite d'une affaire où semblaient se mêler, aux exigences seigneuriales, des concussions énormes de la part des collecteurs. L'Assemblée entière de la communauté [30 octobre 1669]. les autorisa à vendre des pâturaux communs, situés au faubourg du Marchidial, jusqu'à concurrence de plusieurs centaines de livres, lesquelles sommes devaient être employées à la défense des droits de Craponne contre les prétentions des Polignac. Mgr le vicomte fut cité à comparaître devant la cour souveraine ; il ne se présenta pas et n'en fut pas moins condamné, dans la personne de son agent, noble Valentin, à rembourser la somme de 2,400 livres qui avait été illégalement prélevée.

Nous avons vu que, pour la nomination des consuls, on établissait deux catégories de candidats. Dans l'une devait être élu le premier consul ; dans l'autre, le second de ces magistrats. Plus d'une fois la cabale avait forcé le conseil politique à fausser la règle sur ce point. De là, grandes réclamations ! La chose fut jugée assez grave pour

être portée devant les états du Languedoc. Elle eut une solution le 19 février 1661; la voici : « Sur ce qui a été représenté par le syndic gé-
» néral, que, dans plusieurs villes de la province,
» on a renversé l'ordre établi de tout temps pour
» les échelles des consulats, ce qui cause le plus
» souvent du désordre dans lesdites villes, en
» mettant dans la première échelle des personnes
» qui ne sont pas de la qualité requise, non let-
» trées et peu entendues aux affaires; et dans la
» seconde échelle ceux qui sont de la qualité de
» la première, à quoi il est important de remé-
» dier; sur quoi a été délibéré que le roy sera
» très-humblement supplié par les députés du pays
» en cour, d'ordonner qu'il sera enjoint aux villes
» et communautés de procéder à la nomination
» de leurs consuls suivant leurs us accoutumés,
» à peine de nullité et cassation desdits consulats. »

On s'imagine sans peine que les élections du consul furent désormais mieux surveillées. Il s'agissait, en effet, de la dignité la plus enviée à Craponne...

Les exactions ne finirent pas. Le roi avait voulu honorer les services de Mgr de Polignac par le *grand cordon bleu;* madame la vicomtesse en prit occasion pour réclamer, au nom de son mari absent, un droit de taillabilité double du cens qu'elle percevait d'habitude [1]. Les gens de Craponne n'étaient

---

[1] Documents particuliers.

pas plus que dans le passé disposés à se laisser tailler à merci. Ils murmurent, ils résistent. Cependant réfléchissant, par expérience, combien leur avait été si souvent onéreuse leur résistance à la volonté du seigneur, ils procèdent par voie de transaction. On s'assemble dans la maison même que le vicomte s'était réservée au centre de la ville ; on délibère, et, après de violents débats, on décide qu'une députation ira pourparler avec la châtelaine. La résolution était sage ; un demi-succès suivit la démarche. La vicomtesse fit des concessions.

La famille Polignac eut presque du dépit de tant de persistantes résistances. Au moins on aurait pu le croire ; car, dans l'année [1661], le vicomte vendit, comme si elle eût été profanée par la démocratie naissante, cette maison où l'on avait délibéré contre lui.

La vénalité s'était glissée jusques dans les emplois purement honorifiques ; et, de plus, le tiers-état, s'exagérant peut-être ses forces à mesure qu'il s'éclairait davantage sur ses droits, affichait des prétentions inouïes pour pénétrer dans les assemblées jusque-là composées comme nous l'avons vu ; ces réclamations donnèrent lieu, en 1663, à une délibération des états, qui décidèrent dans le sens de leur honneur compromis ; en voici le texte :
« Mgr l'évêque de Montauban ayant dit qu'avant
» de faire le rapport des contestations qu'il y avait

» entre les députés du tiers-état prétendant droit
» dans leur assemblée, il croyait être de la di-
« gnité de la compagnie de faire un règlement
» pour empêcher les accommodements qui se font
» par lesdits députés, au préjudice des anciens
» ordres des états. Sur quoi il fut délibéré et ar-
» rêté par règlement irrévocable, que pour empê-
» cher les monopoles et traités illicites qui se font
» dans diverses communautés par des particuliers,
» pour s'acquérir et perpétuer, par eux ou par
» leurs affidés, les consulats ou députations, que
» ceux qui seront convaincus d'avoir fait ou con-
» tribué à de semblables traités, seront déclarés
» indignes de l'entrée des états et assiettes. »

Cependant les agents de M. de Polignac, sourdement et à l'insu, dit-on, du vicomte, avaient à cœur leur condamnation prononcée par la cour souveraine de Toulouse. Ils intriguèrent si fort, ils mirent si bien en jeu tous les intérêts, qu'en cette même année 1663, les consuls de l'année précédente furent cités à la barre de la communauté. On trouva dans leur nomination de prétendues irrégularités qui les rendaient passibles d'une amende de 50 livres[1]. On leur reprocha surtout d'avoir aliéné certains fonds pour la poursuite du procès. Bien que cette vente eût été décrétée en

---

[1] A défaut de s'être rendus chez M. de Vinols, greffier consulaire.

assemblée générale, on la jugea, par délibération du 31 décembre 1663, illégale et de nul effet, et le commun du marchidial fut rendu à la vaine pâture ; nouveau témoignage de ces inconstances dans les actes populaires dont l'histoire n'offre que de trop fréquents exemples !

Les affaires de la communauté n'en furent pas meilleures! Craponne dut se faire autoriser à une surimposition. Il y eut bien des réclamations, bien des résistances; mais la surtaxe fut payée malgré tous les non-vouloir. Un édit de Béziers l'avait jugée *valable et soutenable*. Plusieurs particuliers profitèrent de cet embarras de finances — dont l'origine était obscure — pour redemander, comme ayant été prêtées autrefois, des sommes considérables.

Pendant quelques années, la cité se trouva, à ce propos, divisée en deux camps. Les réclamants avaient leurs gens, le conseil politique avait les siens. Ce fut une vraie guerre de récriminations, de malignités médisantes, même d'épigrammes versifiées. Pour en finir, les consuls, du moment qu'ils *n'avaient pas denier en main*, ordonnèrent, en 1664, une vérification de comptes à l'égard des consuls qui avaient été en charge depuis trente ans. Il ne furent pas obéis. La cour des aides et finances de Montpellier intervint alors et nomma pour examiner ces comptes : Fleury Belledon, Barthélemi Gallet et Pierre Pastel. On ne put rien élucider.

Le gaspillage s'était revêtu de toutes les formes de la légalité. Il fallut se résigner et payer.

Nouvelle surimposition ! nouvelle résistance ! Cette fois, en 1666, c'est la banlieue qui réclame. Elle nomme, dans la personne de Barthélemi Bessac, un syndic chargé de protester contre la sentence du conseil politique, et de porter ses plaintes et ses doléances devant des juges souverains. Ces juges étaient ceux qui venaient d'être convoqués dans la ville du Puy, au mois de novembre, sous le nom de *chambre des grands jours*. Dans ces assises solennelles, il fut parlé, en effet, des concussionnaires, des rapaces exacteurs de Craponne. Les pièces du procès, attentivement examinées, donnèrent lieu à un arrêt contre les officiers de justice. Ils furent condamnés au bannissement. De plus, défense fut faite aux fermiers du vicomte d'exiger le droit de corvée en argent ; permission fut aussi accordée aux particuliers de faire procéder, par un notaire de leur choix, à l'inventaire des fonds, sur lesquels devait s'asseoir la taxe.

Cette décision, cette éclatante punition inspira aux collecteurs de Craponne la justice, la modération, au moins la prudence. Pendant plusieurs années, on n'entendit aucune réclamation. Avec l'ordre, avec l'économie, les recettes suffirent aux dépenses. La ville put réparer ses pavés, élargir ses places, faire des pensions aux vicaires de la paroisse, racheter la dime, fonder des messes à perpétuité, agrandir son cimetière, multiplier ses fontaines. Ce fut son âge d'or [1650].

Une chose pesait encore beaucoup aux habitants. C'était le droit de main-morte qu'avait sur tous les biens le vicomte de Polignac. On avait souvent réclamé. Toujours inutilement ! La providence leur envoya à propos Mgr de Béthune, évêque du Puy, alors en cours de visite. Aussitôt les consuls Louis Porrat et Jean Pinet s'empressèrent de lui présenter une humble requête au nom des habitants qui, au dire de la supplique, *pour le respect qu'ils doibvent et veulent rendre à leur seigneur, ne veulent pas l'exposer à la justice.* Autorisation leur avait été donnée, la veille, dans une assemblée générale, et la pétition avait été signée par les notables[1]. Il y est dit que « la

---

[1] Pierre Porrat, juge ; Blaise Maillard, notaire ; Louis Parrel, procureur d'office ; Antoine Valentin, docteur en théologie, curé ; les deux consuls ; Mathieu Marcon, apothicaire ; Christophe Aurier, marchand ; Antoine de Vinols ; Pierre Favalier, avocat ; Pierre Parde, greffier ; Pierre Rousset, praticien ; Jean Gallet, bourgeois ; Pierre Breul, marchand ; Claude Robert, praticien ; Jacques Sapientis, bourgeois ; Fleury Beldon, marchand ; Nicolas de Vinols ; Claude Blancheton, chirurgien ; Jacques Fayolle, apothicaire ; Barthélemi Gallet, notaire ; Vital Ranchoup, marchand ; Pierre Montagier de Sacellange ; Pons Aurier, bourgeois ; Jean Terrasson, boulanger ; Michel Courtial, marchand ; Jean Bonnefoux, marchand ; Noël Roux, médecin ; Jérôme Ardaillon, bourgeois ; Jac-

» communauté lui aurait de grandes obligations,
» si, par son moyen, elle pouvait sortir de cette
» affaire, par composition à l'admiable, etc. »
L'évêque accueillit bien la requête, il leur offrit de
s'employer de son mieux, de travailler à la réussite, et leur promit réponse sous trois jours.

A la suite des conférences de l'évêque, le vicomte consentit à une transaction. Elle fut signée
à Roche, le 4 octobre. Nous en donnons quelques fragments.

« L'an 1673, et le quatorzième jour du mois
» d'octobre, avant midy, au règne de nostre très-
» chrestien et souverain prince Louis, par la
» grâce de Dieu, roy de France et de Navarre,
» personnellement establi très-haut et très-puissant
» seigneur messire Louis-Armand, vicomte de Po-
» lignac, baron de Polignac, comte de Randon,
» Randonnat, la Voulte, Saint-Pal; marquis de
» Chalencon, Craponne et Beaumont, et autres
» ses places....., d'une part; et sieurs Antoine
» Porrat, Antoine de Vinols, Christophe Aurier,
» Pierre Favalier, comme procureurs fondés par
» délibération prinse en conseil général par les

---

ques Astout, marchand; Pierre Chapot, marchand; Claude Porte, bourgeois; François Montaigue, boulanger; Antoine Rachat, tailleur; etc., etc...., tous habitants de la ville.

» habitants de Craponne, à l'effet de la passation
» du présent contract, d'autre part;..... ont con-
» venu lesdites parties, de leur gré pur et plein
» vouloir, comme icy suit, sous le bon plaisir de
» la cour du parlement de Toulouse, mutuelle et
» réciproque, estant lesdites parties bien infor-
» mées de la force des transactions : en premier
» lieu, ont renoncé et renoncent à tout procès....;
» en second lieu, il a esté accordé sçavoir que
» les lods des biens roiraux qui ont été perceus
» jusqu'icy qu'au huictiesme denier, soient doré-
» navant payés au sixième denier....; qu'en oultre
» soit payée tout présentement pour une fois audict
» seigneur la somme de trois mille livres, outre
» celle de deux mille déjà reçue pour le même
» faict; laquelle somme de trois mille livres a esté
» délivrée tout présentement par ladite commu-
» nauté en louis d'or et aultre bonne monnaye.
» En oultre ladicte communauté, pour tenir lieu
» de compensation audict seigneur dudict droit
» cédé de mortabilité, a promis audict seigneur
» vicomte la somme de quatre cents livres an-
» nuelle et perpétuelle, pour laquelle faire valloir,
» elle a quitté et délaissé audict seigneur, comme
» par ces présentes quitte et délaisse, cède, re-
» met et transporte le droit de corvettage de la
» présente ville.... que ledict seigneur accepte et
» dit bien cognoistre sur le pied de deux cents
» livres annuelles; et, pour le surplus qui est de

» deux cents livres, faisant la totale somme de
» quatre cents livres estipulées, il a esté convenu
» et accordé que ledict corvettage sera augmenté
» et pris sur toutes et chacune des charges de
» vin qui entreront dans ladicte ville et faubourg,
» sçavoir, comprins la taxe ancienne, la somme
» de cinq sols sur chaque charge de vin, et sur
» chaque charge de sel [1] comprins le droit ancien
» la somme de cinq sols.... et au cas que ledict
» droit, ce qu'on ne prévoit pas, fût supprimé
» dans la suite par force majeure ou fait du roy,
» en ce cas et non autrement, ladicte commu-
» nauté garantit ladicte somme de quatre cents
» livres audict seigneur..... Le tout consenty, à
» l'admiable, entre ledict seigneur et les manants
» et habitants dudict Craponne par la médiation
» de messire Armand de Béthune, évesque du Puy,
» pour le bien de la paix et le repos des familles.... »

La suppression de ce droit fut profitable à Craponne [1674]. Plusieurs étrangers vinrent s'y établir. Il fallut aliéner grand nombre de communaux pour des constructions nouvelles. Le faubourg du *Logis-*

---

[1] En Languedoc, les trésoriers ont l'intendance des gabelles, qui leur donne droit d'avoir une inspection générale sur les salins; de faire faire la vérification des sels, pour savoir s'ils sont de la qualité requise; de donner les baux de tirage de la voiture des sels, et de fournir aux contrôleurs pour le roy des registres pour les ventes. — *Mémoire manuscrit sur le Languedoc.*

Neuf[1] fut créé, celui du *Marchidial* s'accrut, celui des *Constants* surtout prit un développement rapide. Peu à peu la ville prenait une physionomie plus riante [1676]; on élargissait tous ses abords; on dissimulait en partie les tons grisâtres et tristes des murailles par la verdure de quelques plantations; et pour imiter, autant que possible, les allures de la métropole vellavienne, on se donnait, depuis dix ans, pour chaque carême, un prédicateur étranger, avec appointement de cent livres!...

Qui veut briller calcule peu. On fut entraîné à des dépenses plus considérables que les recettes. Le passé ne donnait pas d'expérience à l'administration. Il fallut, encore une fois, songer à des économies. Elles portèrent sur des minuties. Nous sourions en l'écrivant... Nous ne parlerons que d'une seule réforme. De tout temps, l'élection d'un consul avait provoqué grande fête à Craponne; on songea à supprimer cette fête. Requête fut présentée à Mgr l'intendant d'Aguesseau, afin qu'*il lui plût faire supprimer la dépense du repas ou festin avec le violon, le jour de l'élection*. Une ordonnance, datée du 26 mars 1678, y répondit par une défense faite aux consuls d'imposer d'autres dépenses à la communauté que celles contenues dans un règlement antérieur des états. L'auditeur des comptes

---

[1] Aujourd'hui le quartier de l'Hospice.

pour Craponne, Fleury Beldon, fut chargé de l'exécution de l'arrêt. L'infraction entrainait une amende de cinquante livres. Les nouveaux consuls durent donc désormais se priver du festin traditionnel et des violons !...

L'année 1683, un arrêt de la cour des aides de Montpellier ordonna que le procureur juridictionnel serait appelé à toutes les délibérations de la communauté, impositions, clôture de comptes, etc. « Et devra l'arrêt sortir son plein et entier effet, » et être exécuté suivant sa forme et teneur, à » peine de vingt-cinq livres d'amende pour les » consuls, » s'ils s'abstiennent de cette convocation. C'était le premier pas de l'administration générale dans les affaires propres d'une commune; c'était l'un des premiers mots de la centralisation.

La ville de Craponne avait sa ceinture de murailles et huit fortes tours. Avec cela, elle était à l'abri d'une surprise et d'une attaque. Mais il fallait à la foi de ses habitants une enceinte plus protectrice encore. Déjà elle avait fondé autour d'elle les chapelles de Saint-Roch [1], d'Aubissoux [2],

---

[1] Fondée à l'occasion de la fameuse peste, en 1586.

[2] Voici ce qui donna lieu à l'érection de cette chapelle au dire de la tradition. Vers l'an 1547, deux jeunes gens du village d'Albissoux furent surpris par un épouvantable orage au milieu des gorges profondes et rocheuses d'Orcival, en Auvergne.

de Notre-Dame-des-Neiges[1]; elle y ajouta, après une bulle d'Innocent XI qui règlementa aussi le cérémonial de la Bénédiction[2], la chapelle de Sainte-Reine, jusqu'à ce qu'elle complétât plus tard, par la construction de celle de Saint-Régis[3], comme un système de fortifications religieuses qui nous montrent encore aujourd'hui, à quelques pas de ses murailles, dans cette série de sanctuaires révérés, des bastions sans menace, provoquant seulement

Leur vie était en danger, et déjà monture et marchandises étaient entraînées par le torrent, auquel l'inondation subite avait donné des proportions formidables. Dans ce péril extrême, les deux jeunes gens adressèrent leurs prières et leurs espérances à Notre-Dame d'Orcival, qui était alors en grand renom dans la contrée. Ils promirent, s'ils échappaient aux flots qui allaient les engloutir, de construire, à l'entrée de leur village natal, une chapelle dédiée à la sainte Vierge. Le vœu était à peine formulé qu'ils se trouvèrent portés, comme par miracle, sur des hauteurs où ils n'eurent plus rien à craindre. A leur retour dans le pays, ils firent construire la modeste chapelle. Depuis lors, c'est un point de pèlerinage, où l'on accourt de l'Auvergne, du Forez surtout, particulièrement à l'époque de l'Assomption. Ces foules, parfois innombrables, viennent remercier Marie des prodiges qu'elle a bien voulu attacher à ce lieu et dont d'éloquents témoignages sont pieusement appendus aux murailles du sanctuaire.

[1] Cette chapelle, située au faubourg d'Ollias, date de 1600.

[2] Cette bulle porte la date du 25 janvier 1684.

[3] Cette chapelle est située au faubourg du Marchidial. La première pierre a été posée le 26 août 1725.

la prière et envoyant un mot de consolation au repentir ou à la douleur !...

XIII.

Richelieu, avec cette souplesse de génie qu'on lui connaît, avait écrasé les protestants comme parti politique ; mais leur influence était restée dans les parlements ; ils avaient conservé toutes leurs réunions de secte, toute leur organisation. Louis XIV se flatta, lui, de les ramener par la persuasion. Il se trompa. Ils continuèrent leurs intrigues, et chacun sentait que par eux il y avait une France calviniste dans la France catholique. Louis XIV *cédant au vœu de la nation*, dit Saint-Lambert lui-même, songea enfin à les frapper ; il révoqua l'édit de Nantes. C'était leur retirer les privilèges accordés par Henri IV et Louis XIII, l'exercice public de leur religion, la tenue de leurs écoles. On décrétait aussi l'exil de leurs ministres. Des récompenses étaient accordées à la conversion : primes indignes d'un grand roi et d'une religion qui ne doit s'attacher les âmes que par la foi et l'amour !

D'après le nouvel édit, chacun pouvait observer sa religion dans le secret de sa famille. Cette clause devint illusoire par suite du zèle fanatique

de ceux qui avaient à faire observer la loi. Louvois envoya dans le Languedoc des dragons, lesquels, partagés en petits détachements et livrés souvent à eux-mêmes, commirent de regrettables excès qui resteront dans l'histoire sous le nom de *dragonnades*. Et aussi les protestants provoquèrent souvent des rigueurs. « Ils ont tenté maintes fois,
» ès-Cévennes, de faire naître des mouvements par
» des assemblées, par des prédicandes et par des
» ministres qui ont été envoyés des pays étrangers. Ils ont même assassiné jusqu'à six prêtres
» dans les Cévennes, et ils ont envoyé des fanatiques dont l'exemple et les fureurs eussent été
» à craindre si le feu qu'ils y avaient allumé n'eût
» été éteint dans les commencements [1]. » Les dragonnades firent émigrer les calvinistes en bien moins grand nombre qu'on ne s'est plu à le dire. « Quelques-uns, ajoute l'auteur du mémoire, quelques-uns d'entre eux sortirent, et, après une
» exacte recherche, je n'en ai trouvé que quatre
» mille qui eussent pris ce parti, dont six cents
» sont revenus. »

Un de nos compatriotes faillit, cette année 1685, être victime d'une agression calviniste. Nous laissons parler les écrits de l'époque.

« DE L'AUTORITÉ DE M. L'OFFICIAL DU PUY, *et par*

---

[1] Daudet, « Mémoire sur le Languedoc.

» *permission de M. le lieutenant criminel en la*
» *sénéchaussée du Puy;* à la requête de noble
» Jean Torrilhon, sieur de Prades, capitaine d'in-
» fanterie au régiment de Tournézi[1], soient ad-
» monestées, toutes et chacunes, les personnes
» qui ont vu faire et donner les dommages suivants :
» 1° Contre ceux et celles qui savent, pour
» avoir vu, ouï dire ou autrement, comme noble
» Joseph Torrilhon, sieur de Prades, étant venu
» loger, par ordre du roi, avec sa recrue en la
» présente ville, et revenant, environ les neuf
» heures du soir, le douzième du courant, de
» faire la visite de ses soldats, il aurait fait ren-
» contre, dans la rue de la Chaussade, montant
» à celle du Collège, de trois personnages, l'un
» habillé de minime, ayant les cheveux noirs, et
» l'autre habillé de gris-blanc; et s'étant lesdits
» personnages avancés vers ledit sieur de Prades,
» auxquels il demanda ce qu'ils voulaient de lui,
» lesdits personnages lui ayant répondu que c'était
» à lui à qui ils en voulaient, et en même temps
» ils mirent l'épée à la main, au-devant de la
» porte du Collège, contre ledit sieur de Prades;
» 2° contre tous ceux et celles qui savent comme
» ledit sieur de Prades, se défendant en retraite,

---

[1] Il avait commencé à servir dans le régiment de Lyonnais, en 1680.

» seraient survenus autres deux personnages qui,
» l'ayant saisi par derrière et désarmé, il y eut
» un des personnages qui lui porta un coup d'épée
» au côté gauche, duquel coup ledit sieur de Prades
» se sentant blessé, il s'écria : *au meurtre! on
» m'assassine!* 3° Contre tous ceux et celles qui
» savent comme lesdits personnages lui portaient
» divers coups d'épée à la fois, il les parait avec
» les mains, dont les doigts sont presque coupés;
» 4° contre tous ceux et celles qui savent comme
» lesdits personnages qui tenaient saisi par der-
» rière le sieur de Prades, lui donnèrent divers
» coups de pommeau d'épée au visage, dont il a
» été grièvement meurtri; 5° contre tous ceux et
» celles qui savent comme lesdits personnages,
» croyant d'avoir tué le sieur de Prades et crainte
» d'être découverts, prirent la fuite, à la réserve
» d'un d'eux qui se trouva saisi par le sieur de
» Prades, d'une main, à la manche de sa chemise
» qui s'est trouvée ensanglantée du sang du sieur
» de Prades, et de son épée qui s'est trouvée
» faussée par le milieu; 5° contre tous ceux et
» celles qui savent comme lesdits personnages
» auraient emporté l'épée du sieur de Prades, et
» les personnes qui en ont ouï les jactances;
» 6° contre tous ceux et celles qui savent comme
» ledit sieur de Prades, se sentant blessé et meurtri
» en divers endroits, il aurait été obligé de dé-
» laisser sa perruque sur la place; ceux qui savent

» à qui ladite perruque a été vendue, et une petite
» épée, poignée et garde de cuivre doré ; 7° contre
» ceux et celles qui savent comme lesdits person-
» nages, après ledit assassin commis, s'en seraient
» jactés en divers endroits ; 8° contre ceux et
» celles qui savent comme lesdits personnages,
» avant ledit assassin commis, l'auraient monopolé
» entre eux dans les cabarets et ailleurs ; 9° contre
» ceux et celles qui savent comme lesdits person-
» nages se seraient vantés d'être les ennemis jurés
» dudit sieur de Prades ; 10° et généralement
» contre tous autres, sachant, consentant, don-
» nant aide, faveur, support auxdits personnages.
» Et s'ils ne se déclarent après la publication faite
» des présentes pendant trois divers dimanches et
» prônes de vos messes paroissiales, seront inter-
» dits et excommuniés. Enjoignant aux recteurs,
» curés, prêtres et clercs de ce diocèse de re-
» mettre fidèlement devers le greffe de notre offi-
» cinalité toutes et chacune les déclarations qui
» seront devers eux faites ou remises, sous même
» peine. Au Puy, le 21 août 1685. — Signé : RENÉ
» BOIZARD, doct. en théol., chanoine en l'église ca-
» thédr., abbé de Saint-Vosy, official et vic. gén.
» — ARCIS, vice-official. »

Aussitôt le prévost des marchands, le sieur de Morgue de Saint-Germain, tous les officiers de justice, se mirent en quête des coupables. Malgré les lettres comminatoires, malgré toutes les recherches, on ne parvint qu'à en découvrir un seul. C'était un calviniste, Jean Martel. Ses complices échappèrent à la justice; mais on resta persuadé, dans le pays, qu'ils étaient en grand nombre et gens de qualité.

Ce qui advint du meurtrier, nous l'ignorons; quant au capitaine de Prades, il guérit de ses blessures.

Le 3 décembre 1689, il recevait, par Louvois, l'ordre de se rendre à Brest, où une escadre de trente-six vaisseaux de quarante à cinquante pièces de canons était en partance pour l'Irlande. Le chevalier de Sercys devait lui conduire une forte levée de soldats et se trouver de la même expédition. Torrilhon de Prades partit sur le vaisseau « l'Excellent » se *confiant*, dit-il dans sa lettre d'adieux, *à la Providence, et fort de la bénédiction de son père*.

« Nos troupes, écrit-il de Dublin, sont portées
» de bonne volonté pour combattre, et je vous
» assure que la guerre sera fort sanglante. Les
» Français qui sont ici nous ont dit que les enne-
» mis ne nous feraient pas de quartier; nous,
» nous sommes résolus de n'en pas demander, ni
» d'en faire. » A son débarquement à Brest, 11 oc tobre 1690, il écrivait : « Nous sommes restés vingt-
» cinq jours en mer par des temps enragés où
» nous avons cru périr, et pour comble de mal-
» heur, les vivres nous ont manqué les huit der-
» niers jours. Il est mort quantité d'officiers et de
» soldats. Le pauvre chevalier de Sercys est du

» nombre; cela m'est un véritable chagrin, car
» nous étions comme frères. Il s'est vu mourir à
» petit feu dans une ardente fièvre. Il est mort
» en bon chrétien : il a légué cinquante livres à
» Notre-Dame du Puy. »

Le capitaine de Prades fit partie de l'expédition qui porta nos armées en Piémont. Il arriva près de Casal. « J'espère bientôt rencontrer les enne-
» mis, dit-il; on ne doute point que Casal ne soit
» bloqué. Ce sera vers la fin du mois : il n'a pas
» longtemps à attendre. »

Ce devait être pour sa perte. Le 27 septembre, noble Jean Torrilhon, seigneur de Vacherolles, recevait à Craponne cette lettre du chevalier d'Urban, major du régiment de Tournézi : « Vous avez
» sans doute été informé, Monsieur, que M. le
» marquis de Crenan, lieutenant-général des ar-
» mées du roi, avait choisi M. de Prades, sur toute
» cette garnison, pour commander et défendre le
» fort Saint-Georges. Les ennemis le sont venus
» attaquer, où après avoir fait connaître sa bra-
» voure et son intrépidité par la vigoureuse résis-
» tance qu'il a faite, il a été obligé de se rendre.
» Les ennemis l'ont conduit dans leur quartier gé-
» néral où, étant sur sa parole, ils s'efforçaient
» les uns les autres lui faire connaître l'estime
» qu'ils avaient pour lui. La fatigue qu'il avait
» soufferte dans son siége, lui a causé une affreuse
» fièvre. On en a eu tous les soins imaginables;

» mais l'on n'a pu empêcher qu'au vingt-unième
» jour de la maladie, il a plu à Dieu de l'ap-
» peler, après avoir reçu tous les sacrements et
» rempli tous les devoirs tant d'un très-brave
» homme que d'un très bon chrétien [1]. »

Le lecteur nous accusera d'avoir parlé si longuement du capitaine Torrilhon. Outre que ces détails nous aident à caractériser l'époque à laquelle nous les empruntons, il nous semble que la famille dont ils parlent a bien jeté quelque gloire sur Craponne : plus d'un, entre les siens, a versé son sang pour la patrie.

Mais revenons en arrière.

Au mois de mai 1687, il y eut une grande fête à Craponne, à l'occasion de la convalescence de Louis XIV. Nous en laissons la narration au *Mercure galant* : « M. le vicomte de Polignac, che-
» valier des ordres du roi, qui, à l'imitation de
» ses ancêtres, a toujours eu une très-grande
» fidélité pour le service de Sa Majesté, donna des
» ordres exprès à toutes les villes de sa dépen-
» dance, de faire des feux de joie pour la conva-
» lescence de ce grand prince, et surtout à sa
» ville de Craponne, dont les habitants, par le
» soin des officiers du bailliage et des consuls,

---

[1] Dom Torrilhon, prieur de la Chartreuse de Bordeaux, était l'oncle du capitaine de Prades.

» firent une fête de huit jours, pendant lesquels
» MM. Vinols, Montagier-Saignard de Sassellange
» et Barjon, capitaines fort expérimentés en l'art
» militaire, firent faire l'exercice à six cents hommes
» qui s'y étaient mis sous les armes. Craponne est
» une des principales villes du pays de Velay,
» province du Languedoc, de la justice et dépen-
» dance de M. de Polignac. Le *Te Deum* et
» l'*Exaudiat* furent chantés avec mélodie, le
» 20 d'avril, dans l'église paroissiale ; et, après
» une salve de mousqueterie, les soldats prirent
» leur marche vers la grande place où le feu
» avait été préparé. On voyait Calvin au milieu
» de l'échafaud, dont le tour était rempli de feux
» d'artifice, avec quantité de devises et d'emblèmes.
» Les compagnies, avec tambours et fifres, sor-
» tirent en fort bon ordre par la porte de Sainte-
» Reine, sur laquelle étaient les armes du roi
» sur un riche tapis de points de Venise rehaussé
» d'or. Après cela marchaient les officiers et con-
» suls du bailliage, précédés des violons et des
» sergents de la ville, pour faire faire place et
» empêcher la confusion que pouvait causer l'af-
» fluence d'un grand peuple accouru de toutes
» parts. Après que l'on eut joui du spectacle de
» ce feu, on se retira, avec le même ordre, dans
» la ville où toutes les fenêtres parurent illumi-
» nées par le soin des magistrats. »

Cette même année, prit naissance l'hôpital de

Craponne. La charité de quelques dévotes filles, suivant l'impulsion de leur cœur et les pressantes sollicitations du curé Antoine Valentin, recueillirent, dans une maison prise à loyer, quelques pauvres et infirmes. Elles n'eurent pas longtemps à en supporter les frais; les dons arrivèrent promptement, et bientôt, sur la demande des consuls Fonton et Chaumette, elles reçurent, à la date du 14 juin, et sur ordonnance royale, des lettres d'érection.

C'est ainsi que commencent la plupart des œuvres de bienfaisance. On ne trouve autour de leur humble berceau qu'un prêtre ou une pauvre femme; Dieu se charge du développement.

Il se chargea de celui de notre hospice. Avec le temps, des donations considérables lui vinrent en aide. On dut l'agrandir successivement, le mieux approprier à sa destination, jusqu'à ce que, après les larges libéralités de M. Porral du Cluzel qui lui donnèrent une véritable aisance, il reçut par lettres-patentes datées de 1759, le titre d'Hôpital général et royal. Depuis lors, les sœurs de la Croix le desservent, et chacun sait avec quel héroïque dévouement. « Pour procurer aux pauvres
» plus de soulagement et un service plus constant,
» dit le petit livre des règles de ces bonnes sœurs,
» MM. les directeurs s'assemblèrent en corps et
» délibérèrent que, pour cette fin, il convenait
» d'établir dans ledit hôpital une commu-

nauté de filles associées, sous le vocable des
» *Sœurs de la Croix,* à qui l'on pût confier le
» soin des pauvres que l'on peut y entretenir. En
» conséquence de ladite délibération, requête fut
» présentée à Mgr Lefranc de Pompignan, notre
» illustre et révérendissime évêque, qui voulut
» bien entrer dans les vues desdits saints direc-
» teurs, et, autorisant leur délibération, permit
» l'établissement d'une communauté de filles asso-
» ciées sous le nom et habit des *Filles de la*
» *Croix*, qu'il mit sous sa protection et soumit à
» sa juridiction, par ses lettres signées de sa
» main, le 31 mai 1645. Ce qu'ayant obtenu, les
» saints directeurs à ce préposés, par une nou-
» velle délibération, firent, avec les filles qui sont
» naturellement établies dans ledit hôpital et leurs
» parents, les conventions et accords nécessaires.
» Et tout de suite on donna l'habit des *sœurs de*
» *la Croix* aux nommées Catherine Rochette, Mar-
» guerite et Anne Lagier, Catherine et Marie
» Beyssac, toutes de cette paroisse, qui s'étaient
» présentées pour commencer cette bonne œuvre,
» dès qu'elles surent qu'on en avait conçu le des-
» sein, et s'étaient exercées déjà plusieurs années
» au service des pauvres, sains et malades, que
» l'on entretient dans ledit hôpital, et toujours
» avec beaucoup d'édification et de succès, avant
» d'être vêtues de ce saint habit. »

Craponne était en voie de pieux établissements.

Par testament du 17 janvier 1688, noble demoiselle Claudine Gallet donna à quelques filles qu'un motif de dévotion avait réunies, une maison située sur le plan du fort, au point même où avait été autrefois la poterne du château seigneurial. Celles-ci adoptèrent la règle du tiers-ordre de Saint-Dominique, et nous retrouvons encore aujourd'hui, chez nous, toujours vénérées, toujours bénies, ces humbles filles qui, sous la bure noire et blanche des dominicaines, sont douées des plus angéliques vertus.

XIV.

Louis XIV avait chaudement pris le parti de Jacques II, forcé d'abandonner l'Angleterre. Il jeta le gant à l'Europe qui le releva. Il eut aussitôt contre lui l'Angleterre, l'Espagne et la Hollande; il en triompha par de nombreuses victoires. Mais il fallait prendre des précautions contre les éventualités. Des milices citoyennes furent créées dans toutes les provinces; le duc de Broglie, lieutenant-général des armées du roi dans le Languedoc, fut chargé de les organiser chez nous; il s'en déchargea, pour Craponne, sur noble Jean Torrilhon, seigneur de Vacherolles, père du capitaine de Prades. La liste fut rapidement dressée; cette milice comprit six cents hommes. Pour en compléter l'armement, Jean Pinot, commissaire sub-délégué par M. de Basville, conseiller d'Etat, permit aux consuls de prendre quarante-cinq fusils neufs dans le magasin royal de Saint-Etienne. Noble Ignace-Maurice Torrilhon, qui avait servi comme gentilhomme dans l'arrière-ban de la province du Languedoc, fut choisi capitaine de cette compagnie bourgeoise.

Le même motif qui motivait l'armement des citoyens dans toutes les villes closes, engageait Louis XIV à faire appel aux hommes de tête et de cœur que retenaient dans leurs châteaux les nonchaloirs de la vie seigneuriale. Au moment où Catinat, affaibli par ses victoires même en Savoie, repassait les Alpes, il rappela à la tête de son régiment d'Aunis le vicomte Armand de Polignac, qui en était le colonel. Avant de partir, il donna une preuve de haute estime à Jean Torrilhon de Vacherolles, que nous avons déjà vu chargé de l'organisation de la milice civique, et à son fils Ignace-Maurice. On nous permettra de répéter en quels termes : « Le vicomte de Polignac étant sur
» le point de faire la campagne avec son régi-
» ment pour le service de Sa Majesté, et ne pou-
» vant survenir aux grands frais qu'il lui est in-
» dispensablement nécessaire de faire pour ce
» sujet ; vu et considéré, d'ailleurs, les longs et
» grands services que noble Jean Torrilhon, sei-
» gneur de Vacherolles et ses ancêtres, ont rendu

» à la maison de Polignac et même audit sei-
» gneur vicomte, et qu'il espère d'en recevoir à
» l'avenir, ne trouvant pas de meilleur sujet pour
» remplir la charge de baillif et capitaine châte-
« lain de la ville de Craponne et marquisat de
» Chalencon; bien informé de la capacité, bonne
» vie, mœurs, religion catholique, apostolique et
» romaine de noble Ignace-Maurice de Torrilhon,
» sieur du Crozet, fils aîné et donataire dudit
» Jean, docteur et avocat en parlement : de gré
» pur et franc vouloir, par toutes les susdites
» raisons et parce que ainsi lui plaît, a donné
» et accordé, comme par ces présentes donne et
» accorde, au sieur du Crozet, lesdits bailliage
» et charge de capitaine châtelain de la ville,
» terre et seigneurie de Craponne et entier mar-
» quisat de Chalencon, pour exercer lesdites charges
» avec tous les honneurs, prééminences, préro-
» gatives, profits, attributs, droits et revenus que
» ledit seigneur de Vacherolles a jusques à-présent
» exercés; laquelle charge pourra exercer conjoin-
» tement ou séparément avec sondit père, du
» vivant d'icelui, lui accordant la survivance, sa
» vie durant, à lui dit sieur du Crozet. »

Questions de voirie et de vicinalité, donations considérables à l'église ou à l'hospice, reddition de compte des consuls, réparation des murailles, inspections de la milice bourgeoise, visiteurs ecclésiastiques pour la paroisse, contrats d'affranchissement, règlements de police, rectification dans la répartition des tailles : voilà ce qui remplit les fastes de Craponne depuis l'année 1693 jusqu'à 1704.

On aime ce silence de l'histoire, cette insignifiance des faits ; c'est un indice de paix et de sécurité. Cette tranquillité n'avait pas même été troublée par les *camisards*, ces grotesques successeurs, pour la cause calviniste, des Soubise et des Rohan [1]. Ils supposaient sans doute qu'ils avaient peu d'espoir d'ébranler la foi de Craponne. S'ils eussent eu la pensée d'y tenter une attaque à main armée ou d'y porter leur prosélytisme, ils se seraient sans doute souvenu que là, dans les grandes réjouissances publiques, *on brûlait Calvin en effigie*. D'ailleurs notre ville ne renfermait pas un seul protestant et, comme celle du Puy, elle resta vierge de toute hérésie.

L'année 1704 apporta une profonde modification dans l'administration communale de Craponne. Louis XIV venait de créer, en titre d'office, des échevins, capitouls, consuls, jurats et autres officiers municipaux dans toutes les villes du royaume, pour y remplir la moitié des places qui, jusquelà, avaient été données par l'élection. C'était ren-

---

[1] Les paysans calvinistes des Cévennes portaient des blouses en toile blanche, longues, à manches coupées semblables aux chemises de femme ; de là leur nom de *camisards*.

verser tout le système suivi depuis des siècles.
L'édit fut lu avec colère et malignement commenté ; on murmura, on se promit de résister.
Mais sur les sages conseils de MM. Damase Calemard du Mons, avocat en parlement, bailli de Craponne; Jean Fonton, également avocat et juge de la juridiction du mandement; Pierre Pastel, aussi avocat en parlement, les mécontents se calmèrent, se bornant à témoigner quelque dédain à noble Benoît Valentin, seigneur de Fredeville, qui avait été pourvu par le roi, à l'office de conseiller du roi, maire perpétuel de Craponne.

On se vengea aussi du conseil donné par M. Pastel. Comme procureur juridictionnel, il avait le droit d'être convoqué à toutes les assemblées et délibérations de ville; on le lui refusa. Il fallut un arrêt de la cour des aides pour que la décision prise à ce sujet par les consuls, fût cassée; et encore n'obéit-on que par transaction. Dans une délibération générale, on convint que les consuls rempliraient les fonctions de lieutenant de maire, en son absence, avec les mêmes honneurs et prérogatives. Heureusement que cet arrangement n'avait d'illégal que la pensée de rebellion qui l'avait suggéré. On feignait d'ignorer qu'il existait, depuis 1702, un édit royal dans le même sens.

La question ne fut point tranchée pour toujours. Il exista constamment d'inquiètes jalousies, de sourdes menées, dont les effets se traduisirent souvent en actes déplorables. C'est surtout lorsqu'il s'est agi de préséance que les passions se sont produites. Nous aurons l'occasion de le constater.

Il nous faut maintenant arriver à 1710 pour trouver un fait qui mérite d'être signalé. C'est la fondation du couvent des sœurs de Saint-Joseph [1]. Cette communauté, qui a compté de nobles cœurs et surtout de saintes âmes, s'est vouée jusqu'à nos jours à l'instruction de la jeunesse. Un moment dispersées par l'orage révolutionnaire, ces pieuses filles rentrèrent dans leurs cellules aimées par les ordres du premier consul qui, pour leur donner en quelque sorte les moyens d'acquitter une dette de reconnaissance, leur imposa en outre le soin des prisonniers. Leur zèle accepta avec bonheur ce nouvel acte de charité. Elles l'exercent encore aujourd'hui avec la mansuétude des anges, malgré le trop faible secours que l'administration a mis au service de cette œuvre.

Les forains [2] de Craponne avaient toujours manifesté quelque résistance à subir les charges de

---

[1] La maison était d'abord près de l'église des Pénitents; la ville céda aux religieuses un pré pour faire cour et jardin. Elles acquirent plus tard la maison de M. Picon de l'Estrade.

[2] Les forains étaient les habitants de la commune en dehors de l'enceinte de la ville.

la ville. Nous les avons vus souvent réclamer et quelquefois obtenir d'en être exempts. Cette année encore [1710] ils sollicitent un privilège. Il s'agit du logement des troupes. Il parait que l'ancienne immunité obtenue par Craponne, pour le même objet, n'avait pas eu la durée qu'on aurait voulue. Sans doute les longues guerres de cette époque mirent des obstacles à la continuité de cette exemption. Quoi qu'il en soit, les forains ne voulaient point partager les frais de passage et de séjour; il fut nécessaire de recourir à l'autorité souveraine. Les consuls adressèrent leur requête à l'intendant, M. de Lamoignon; celui-ci décida dans l'intérêt de la ville. Il ordonna que « les paroissiens et » habitants des hameaux qui composent la pa- » roisse de Craponne, seraient tenus de contribuer » aux frais de logement et de paiement de *vic-* » *tuailles* en question. »

Louis XIV expiait toute sa gloire dans les malheurs de ses dernières années. Malgré l'habileté du cardinal de Polignac, on lui imposait des conditions honteuses que sa dignité n'aurait pas voulu accepter. Toutes ses places, si vaillamment enlevées par l'épée victorieuse de ses capitaines, tombaient une à une au pouvoir de l'ennemi. Le roi ne vit d'espérance que dans des actes de désespoir; ce furent des mesures extrêmes. Un édit de finances imposa le dixième des revenus territoriaux. Alors commença, dans le Languedoc, l'estimation des biens nobles. M. de Basville, intendant de la province, ordonna que tous ces biens seraient *vérifiés, arpentés par des experts, leur serment préalablement prêté entre les mains de Mgr de Roche-Aymond, évêque.* Cette estimation n'eut pas lieu à Craponne sans opposition. Les experts chargés de cette estimation employèrent des moyens qui blessèrent les susceptibilités de gentilhomme. Tous ces seigneurs qui, jusque-là, avaient joui en paix de ces domaines portant profits larges et certains, murmurèrent d'un prélèvement qu'ils disaient ruineux. On écouta peu leurs plaintes et leurs colères. On *estima* et l'on *tailla* en vertu de l'ordonnance [1].

Mais le peuple, qui a parfois une logique impitoyable, ne leur pardonna point cette mauvaise volonté, quand le bien et l'honneur de la France parlaient si haut. Il en tira des motifs de mépris,

---

[1] L'an 1715, à la requête du fermier général du roi, pour lequel est élu domicile en son bureau général à Paris, à l'hôtel des Fermes, rue de Grenelle; en celui de M. Baudon, directeur des domaines à Montpellier, et en celui du sieur Valicon, receveur des droits de franc-fief au bureau de Roche, certifie, moi soussigné, avoir signifié et baillé copie de l'article 120 de la contrainte à noble...., domicilié à Craponne; et, en vertu d'icelle, j'ai fait commandement, de par le roi, de payer, dans huitaine pour tout délai, à mondit sieur Valicon, la somme de 1460 livres, et lui ai déclaré qu'à faute de ce faire dans ledit délai, et icelui passé, il sera *contraint* comme pour les propres deniers et affaires de Sa Majesté.

même de haine ; et c'est bien de cette époque qu'il faut dater une antipathie que les excès de la Régence développèrent, et qui devait aboutir aux évènements révolutionnaires de 1789 et 1793.

L'année suivante, le conseil d'Etat donna une demi-satisfaction aux réclamations de Craponne qui demandait, depuis si longtemps, l'entrée d'un diocésain aux Etats du Languedoc. Il ordonna qu'un syndic y serait admis pour représenter les villes diocésaines.

C'était l'année des concessions. Les bâtiments de l'hospice étaient insuffisants pour le logement des pauvres ; on éprouvait le besoin de transporter ailleurs cet établissement ; mais les ressources annuelles étaient absorbées par le nombre des indigents. Comment obvier à cette difficulté? On demanda au vicomte de Polignac d'ajouter à l'*octroi* qu'il avait sur chaque charge de vin vendue en ville, un supplément de cinq sols par charge, et le droit d'employer ce surcroit d'impôt au profit de la Communauté ; à savoir, deux tiers pour l'hospice, l'autre tiers pour les affaires urgentes et imprévues de la commune. M. de Polignac se contenta d'écrire au bas de la pétition : *Approuvé, sans préjudice de mes droits.* Qu'importait aux habitants la forme de la concession? Il leur suffisait de pourvoir au soulagement des malheureux.

L'association est une idée chrétienne qui a eu aux temps passés d'admirables résultats. A ces époques de vives croyances, toute association était religieuse en même temps que philanthropique.

En 1717, les maîtres tailleurs de la ville s'assemblèrent devant M. Damase Calemard, bailli, maire de Craponne, et Sapientis, greffier-secrétaire. Il s'agissait d'une organisation fraternelle sur le plan des autres corporations de métiers qui existaient déjà dans notre ville ; la demande qu'ils formulèrent contenait un projet de statuts. Le premier article, manifestant très-bien la pensée que nous émettions tout-à-l'heure, stipulait la fondation d'une messe à perpétuité. L'autorisation fut accordée. Cette société subsiste encore, déployant aux jours des solennités son drapeau vert, qui flotte aujourd'hui sur des idées autres peut-être que celles qu'il abritait autrefois !...

Grâce aux années de paix, nous l'avons dit, Craponne avait pris une physionomie plus riante. Mais ses murailles, hautes et noires, lui laissaient encore, quand le regard dépassait les rares plantations, tout l'aspect d'un château féodal : son vieux donjon ajoutait encore à l'illusion. Et pourtant les habitants avaient besoin d'air et de soleil pour assainir et vivifier leurs rues étroites, tortueuses et sombres. Le seul obstacle était le vicomte de Polignac qui conservait sur ces murailles on ne sait plus quel droit, qu'auraient dû abroger, ce semble, les dépenses de reconstructions tant de fois supportées par la ville. C'est donc auprès du vicomte qu'il fallut solliciter l'ouverture de portes et fenêtres sur les fossés d'enceinte. M. de Polignac fut moins difficile qu'on ne le supposait. En 1719, époque à laquelle se rapporte ce changement, il ne préleva qu'une faible redevance sur chaque ouverture, et, en peu d'années, les murailles échangèrent leur surface monotone et triste contre de gracieuses façades.

XVI.

L'histoire des populations offre rarement de longues ères de prospérité. La page que l'an 1721 ajoute aux fastes de Craponne est pleine de larmes et de deuil. Elle parle d'une peste qui rappela trop celle de 1586 et qui a laissé tant de douloureux souvenirs associés à ceux de l'héroïsme de Belzunce, dans les annales marseillaises. On établit, à Craponne, un *bureau de santé* qui fit des règlements sur l'entrée des étrangers en ville, les précautions hygiéniques, sur les soins aux malades, etc., etc. Quiconque enfreignait le règlement était passible d'une peine sévère [1].

---

[1] Délibération du bureau de santé contre des marchands qui avaient contrevenu à l'arrêt du conseil en faisant transporter de la marchandise suspecte, pour les faire conduire aux prisons de la ville. 11 août 1721.

La contagion surprit des troupes de passage à Craponne. L'hôpital regorgeait de malades. La ville, la campagne fournirent des lits supplémentaires. Le curé Dumontel rivalisa de zèle avec les religieuses. On put commodément héberger les pauvres militaires et les entourer de tous les soins, de toutes les tendresses de la charité. Quand on en eut fini avec ce mal terrible, la paroisse, par délibération de mai 1723, concéda à l'hospice les lits qui lui avaient été fournis pour les troupes du roi. Après la peste, les consuls délivraient des certificats portant « *que, grâce à Dieu, la ville a bonne santé, sans aucun soupçon de peste, ni maladie contagieuse, et que, par ainsi, on peut laisser passer lesdits porteurs du certificat.* »

Sous la rubrique de cette même année, nous rencontrons des contestations entre le maire et les consuls sur des questions de préséance; débats bien futiles en présence de l'égalité dont la mort consacrait chaque jour l'inexorable loi!

Mais la préséance était une question capitale pour Craponne. Chacun se sentait le désir de primer, de se distinguer en quelque chose, et il fallut règlementer les places jusques dans les funérailles [1].

Grandes disputes aussi, pour le même objet, entre les consuls et les officiers de justice de M. de

---

[1] Documents particuliers.

Polignac[1]. Les détails de cette affaire rappellent toutes les disputes de ce genre et n'accusent pas moins la pointilleuse vanité du cœur humain.

Malgré des cabales qui s'enveloppèrent de toutes les formes et s'appelèrent de tous les noms, le 5 décembre 1726 arriva la nomination royale d'un maire en dehors des influences consulaires et autres. On nous permettra de donner un extrait de l'ordonnance signée par Louis XV.

« Par édit du mois d'août 1692, le feu roi
» notre très-honoré seigneur et bisaïeul ayant créé
» des offices de nos conseillers-maires, Ignace-
» Maurice de Torrilhon fut pourvu de celui du lieu
» et communauté de Craponne, en notre province
» du Languedoc, lequel office ayant été depuis sup-
» primé par notre édit du mois de juin 1716, nous
» l'avons depuis rétabli par édit du mois de novembre
» 1718; et étant nécessaire de pourvoir audit
» office dont ledit Ignace-Maurice Torrilhon a fait
» les fonctions jusqu'à son décès, depuis lequel sa
» veuve et héritière nous a nommé Dominique de
« Torrilhon son fils, savoir faisons que, pour la
» pleine et entière confiance que nous avons en

---

[1] Requête présentée par Dominique Torrilhon, maire de cette ville, à M. le sénéchal du Puy, contre Damase Calemard, bailli, au sujet de leurs préséances dans le banc des consuls, commun avec les officiers de M. de Polignac. 30 février.

» la personne dudit Dominique de Torrilhon et en
» ses sens, suffisance, prudhomie, capacité et
» expérience, fidélité et affection à notre service,
» nous lui avons donné et octroyé, donnons et
» octroyons, par ces présentes, l'office de notre
» conseiller-maire du lieu de Craponne, généralité
» de Montpellier, que tenait et exerçait défunt
» son père;.... si donnons en mandement à notre
» sénéchal du Puy, que lui étant apparu de bonnes
» vie, mœurs, conversation, âge, religion catho-
» lique dudit Torrilhon, et de lui pris et reçu le
» serment en tel cas requis, il le reçoive, mette
» et institue de par nous en possession et jouis-
» sance dudit office, s'en faisant jouir et user
» ensemble des honneurs, autorités, prérogatives,
» prééminences, franchises, libertés, privilèges,
» exemptions, attributions, pouvoirs, fonctions,
» droits, profits, fruits, revenus, émoluments...
» car tel est notre plaisir.... »

Cependant l'esprit public de la ville continua de se manifester par de puériles taquineries. Elles se produisaient surtout lorsqu'il s'agissait de la levée des deniers royaux. C'était à qui s'efforcerait d'entraver les collecteurs. Plus d'une fois le maire fut obligé de s'affranchir des règles établies dans la Communauté et de faire opérer la levée sans l'autorité des consuls. Plusieurs fois aussi les consuls usèrent de représailles dans des matières qui étaient du ressort du maire, du bailli ou du juge. Il y eut de perpétuels empiétements, des mélanges illégitimes dans les attributions respectives. Les affaires de la ville en souffrirent; mais aussi chacun se donna la satisfaction de reproduire des épisodes de la *Fronde*, et de se venger d'un concurrent ou d'un ennemi.

XVII.

Cependant, en dehors de la foule si pressée des nullités orgueilleuses et impuissantes, commençait à paraître Joseph Torrilhon-Dubourg de Vacherolles.

Il naquit à Craponne le 4 février 1732. Son père, noble Dominique de Torrilhon, fils de Ignace-Maurice, succéda à ce dernier comme maire de Craponne, en 1726, et en exerça la charge pendant plus de vingt ans.

Joseph avait deux frères : noble Jacques de Torrilhon et noble Maurice-Ignace de Torrilhon. Le premier commença à servir, en 1740, dans le régiment d'Auvergne; fut nommé lieutenant en la compagnie de Périchon, le 15 septembre 1743; reçut sa nomination de capitaine dans le même régiment, le 15 octobre 1746; fut blessé au siège de Prague et reçut pour ses hauts faits, le 30 septembre 1759, la croix de chevalier de l'ordre militaire de Saint-Louis. Cette blessure le força à se retirer du service. Ignace-Maurice entra au régiment d'Auvergne, en 1746 ; il reçut la charge d'enseigne, le 10 mai 1747 ; celle de lieutenant en la compagnie de Vieilcastel, le 14 janvier 1749 ; enfin, celle de capitaine, le 1er mai 1756. Il mourut à Strasbourg, en juillet 1758, après 22 ans de services militaires.

Joseph Torrilhon-Dubourg fut reçu, le 6 mars 1746, dans ce même régiment d'Auvergne où se trouvaient déjà ses deux frères. Le 21 octobre de la même année, M. le comte de Chastellux le fit reconnaître, de par le roi, lieutenant en la compagnie de Debatz. Le 1er septembre 1755, il reçut du roi, avec sa nomination comme capitaine dans le même régiment, l'ordre de choisir, « le plus » diligemment qu'il lui serait possible, quarante » hommes français des plus vaillants et aguerris » qu'il pourrait trouver ; *et ladite compagnie com-* » *manderez, conduirez, exploiterez sous notre* » *autorité.* » C'est en cette qualité qu'il fit toutes les campagnes d'Allemagne de 1757 à 1762. Il s'y conduisit en vaillant homme, et, le 2 mai 1771, il reçut, à Valenciennes, des mains du gouverneur, Jean-Baptiste-Marie de Sonning, la croix de l'ordre royal et militaire de Saint-Louis [1].

---

[1] Mons Joseph Torrilhon - Dubourg, la satisfaction que j'ai de vos services m'ayant convié à vous associer à l'ordre militaire de

Le 1ᵉʳ juillet 1774, Torrilhon-Dubourg entra, sur nomination du roi et investiture du comte de Laval, comme capitaine dans la compagnie de grenadiers, place vacante par la promotion du capitaine de Reignerie à la charge de chef de bataillon. Nommé capitaine-commandant, le 25 mars 1778, il passa, deux ans après, le 24 juin 1580, avec le titre de lieutenant-colonel, dans ce fameux régiment lyonnais qui a acquis tant de gloire à nos drapeaux. Il fit partie, en cette qualité, de l'expédition de 1782 conduite par le duc de Crillon et l'amiral espagnol Louis de Cordova; expédition heureusement commencée par la prise de Mahon et de Minorque, mais dans laquelle Crillon fit acte d'impuissance devant Gibraltar, où les forces

---

Saint-Louis, je vous écris cette lettre pour vous dire que j'ai commis le sieur de Poning pour, en mon nom, vous recevoir et admettre à la dignité de chevalier de Siant-Louis, et mon intention est que vous vous adressiez à lui pour prêter entre ses mains le serment que vous êtes tenu de faire en ladite qualité de chevalier dudit ordre, et recevoir de lui l'accolade et la croix que vous devez dorénavant porter sur l'estomac, attachée d'un petit ruban couleur de feu; voulant qu'après cette réception faite, vous teniez rang avec les autres chevaliers dudit ordre et jouissiez des honneurs qui y sont attachés. Et la présente n'étant pas pour autre fin, je prie Dieu qu'il vous ait, mons Joseph Torrilhon-Dubourg, en sa sainte garde.

Écrit à Versailles, le......

Signé : LOUIS.

combinées de la France et de l'Espagne ne purent, malgré les ingénieuses batteries flottantes inventées par le chevalier d'Arçon, triompher de l'amiral Howe et du général Elliot.

Le 10 juillet 1786, le vicomte de Cambis, gouverneur du Languedoc, nomma, pour commander à Beaucaire, le lieutenant-colonel Dubourg. Il reçut, le 25 juillet 1790, le grade de colonel dans le 79e régiment d'infanterie, ci-devant boulonnais, place vacante par la démission du marquis d'Avaray. Dans la première campagne du Piémont, en 1792, il fut pourvu du brevet de maréchal de camp ; et quelques mois après on le retrouve au siège de Lyon.

A quelle époque, Torrilhon-Dubourg fut-il nommé général de division ? On l'ignore. Mais quoi qu'on en ait pu dire, il parvint à ce haut grade. Le 18 vendémiaire, quatrième année républicaine, Torrilhon-Dubourg était, comme général de division, commandant en chef de la force armée dans le département de la Haute-Loire.

Voici sa proclamation :

« Le général en chef, à ses concitoyens,

» Le salut du peuple est la loi suprême : il ré-
» sulte de ce principe sacré plusieurs conséquences
» nécessaires. Le service public exige le sacri-
» fice des intérêts particuliers. Tout citoyen est

» soldat pour la sûreté commune. S'il faut se dé-
» fendre ou protéger son voisin contre les hosti-
» lités d'un ennemi commun, nul doute que l'or-
» dre et la méthode de défense ne soient une con-
» séquence essentielle ; l'unité d'action n'est pas
» moins indispensable pour la défense que la cé-
» lérité pour l'attaque. Appelé dans vos murs pour
» diriger vos mouvements, concerter les moyens
» de prévenir toutes agressions des rebelles, et
» maintenir la sûreté intérieure, j'ai lieu d'espérer
» que tous les bons républicains, animés d'un
» patriotisme pur, de respect pour les lois, les
» personnes et les propriétés, s'empresseront
» d'offrir le tribut civique que les circonstances
» exigent.

» En conséquence, le général arrête, etc..... »

Ce zèle parut cependant trop froid encore à l'ardeur bouillante des anarchistes. Le général Torrilhon-Dubourg fut destitué ; on ne sait trop en quelle année. Il se retira à Craponne, sa patrie.

On lui délivra, sur sa demande, un certificat de civisme *pour obtenir une pension de retraite comme général de division.* Il ne l'obtint pas. Ce ne fut point pour lui une raison de s'annihiler ; il accepta le commandement en chef de la garde nationale de Craponne ; quelques mois après il fut nommé président de la municipalité ; fonctions qu'il remplit jusqu'au 12 pluviôse an VI, époque où sa démission lui fut demandée.

Le général de division Dubourg [1] mourut à Cra-

---

[1] Pour compléter l'excellente notice que M. Dumolin a donnée sur Torrilhon-Dubourg, dans son importante biographie des officiers généraux de la Haute-Loire, nous avons avancé que notre illustre compatriote était parvenu au grade de général de division. A la suite des preuves que nous avons fournies, nous avons plaisir à transcrire la lettre suivante, communiquée par M. Jules Duvillars, neveu du général Dubourg, à M. A. de Brive, président de la Société académique du Puy :

Grenoble, le 6 juillet, l'an II de la République (1794).

Le général de division, chef de l'état-major,
au général de division Dubourg.

Recevez, général, mes compliments sur votre nomination à votre nouveau grade. Je vous envoie l'arrêté des représentants du peuple. Je vous préviens que le général de brigade Rival a ordre de se rendre à Macon. Le citoyen Badelaune, à qui je fais passer sa nomination au grade de général de brigade, commandera en sa place les troupes qui sont dans la Tarentaise. Le citoyen Prunelet, à qui j'adresse sa lettre d'adjoint à l'état-major, a l'ordre de se rendre à Bourg le plus tôt possible. L'ordre a été donné au général de brigade Badelaune d'envoyer à Grenoble cent chevaux d'artillerie de sa division. Même ordre a été donné au général de brigade Ledoyen d'en envoyer cent autres de la Maurienne dans cette ville. Le général de Muy a ordre de se rendre incessamment à Bourg. Je partirai pour cette ville le 28 de ce mois, les représentants du peuple en partiront le 1er août.

ponne, le 8 août 1806, des suites de mauvais traitements que lui infligèrent, on ne sait pourquoi, quelques personnes de Chomelix. Un jour qu'il faisait sa promenade habituelle dans un bois voisin, il fut saisi, attaché à un arbre, dévalisé, laissé presque nu. Débarrassé de ses liens et conduit à Craponne, il ne vécut que quatre jours dans des transes et des souffrances qu'explique cet affreux guet-apens. On fit quelques arrestations; mais la culpabilité de ceux qu'on arrêta ne fut pas prouvée et le mystère plane sur cette mort.

Reprenons maintenant la suite chronologique des faits qu'avant l'aperçu qui précède sur une illustre famille de notre ville, nous avions laissée au milieu du dix-huitième siècle.

Pendant les tristes luttes entre Louis XV et les parlements, — luttes qui affaiblirent tellement le prestige de l'autorité, — l'intérieur de la France était traversé par des bandes que disciplinait seulement l'appât du gain : véritables *routiers* du dix-huitième siècle, dont les actes eurent tous les odieux caractères de leurs prédécesseurs.

Le chef le plus fameux d'une de ces bandes

Je vous envoie ci-joint, général, l'instruction relative à votre commandement dans les deux vallées de la Tarentaise et de la Maurienne.

A vous de tout mon cœur.
Charles Saint-Rémy.

fut Louis Mandrin, tour-à-tour soldat, contrebandier, voleur, au besoin assassin. Il fut, pendant plusieurs années, la terreur du Dauphiné, du Rouergue, du Vivarais, du Gévaudan. Il pénétra dans le Velay en 1754. C'était un homme au regard hardi, à vives réparties, aux lèvres rieuses, à la physionomie expressive, à l'esprit souple et adroit : qualités, — si ce sont des qualités chez des gens semblables, — que recouvraient les plus ignobles passions, les vices les plus honteux. Il ne voulait pas être pris pour un brigand vulgaire : « On me calomnie, disait-il, en m'appe-
» lant bandit ; seulement je fais avec les gens du
» fisc des affaires dans lesquelles leur volonté est
» subordonnée à la mienne. Je vole, prétend-on,
» la recette des receveurs de la ferme, nulle-
» ment ! Lorsque j'emporte leur argent, je leur
» laisse de la marchandise ; je leur vends des
» ballots de tabac, et vraiment je ne suis pas
» cher. Quant aux droits d'entrée que j'esquive,
» belle affaire, ma foi !... Ce sont quelques par-
» celles d'or enlevées au pactole de MM. les fer-
» miers généraux !.... »

Craponne fut victime de son audace. Des titres de 1754 parlent de ses contributions forcées sur un grand nombre d'habitants. La frayeur que laissa son passage était si grande, qu'il fut question de réparer les murailles pour se mettre à l'abri de semblables aventuriers. Nous ne citerons qu'un exemple de ses prouesses :

Arrivé de nuit à Craponne, Mandrin se présente chez une pauvre femme tenant bureau de tabac. L'astucieux brigand lui propose, ou plutôt lui impose l'achat de 550 livres de tabac. La pauvre femme refuse, et pour excellente raison : elle affirme n'avoir pas d'argent. — « Est-ce si peu qui vous embarrasse, la vieille ? » dit Mandrin, eh bien, nous y allons pourvoir. » Vite, indique-moi dans ton voisinage ceux qui » ont de l'argent ; vite, car je suis pressé !... » — La buraliste, effrayée par le ton impératif du contrebandier, et plus encore par les vingt hommes armés dont elle apercevait la silhouette dans l'ombre de la nuit, se hâte de balbutier quelques noms. — « C'est bon, dit Mandrin, qui » avait pris, sur un riche carnet, la liste des » notables ; suis-moi ! » Il s'arrête devant la maison de M. d'Ollias et, donnant avec le lourd marteau un coup sec sur la porte qui s'ébranle, il se fait ouvrir. — Il arrive jusqu'aux appartements du riche endormi, et, s'inclinant jusqu'à terre, avec une pose irréprochable de bon ton : « Monsieur, dit-il, je suis désolé d'interrompre » votre sommeil, mais voici une bonne femme » qui a besoin de vous, et vous avez trop de » charité pour ne pas vous trouver heureux de » pouvoir lui être agréable. Soyez assez bon pour

» vous lever ; je vous donne cinq minutes. » —
Le vieillard, à demi-mort de frayeur, se lève et
dit timidement : « Monsieur, qu'y a-t-il pour
» votre service ? » — « Oh ! infiniment peu de
» chose ! Cette femme que voilà et qui a l'hon-
» neur d'être une de vos voisines, serait dans
» l'intention, et par grande nécessité, d'acheter
» du tabac ; tabac excellent, Monsieur, tel que
» j'en livre toujours.... Mais l'argent lui manque,
» et ce serait dommage que, pour si faible raison,
» elle ne pût faire une acquisition excellente !....
» J'ai déjà, comptant sur vous, mon digne Mon-
» sieur, déposé chez elle la quantité qu'il lui faut.
» Je vous fais l'honneur de vous désigner pour
» le payeur ; vous allez me compter 600 pistoles.
» C'est pour rien, ma foi !.... Cette femme vous
» remboursera à l'occasion, car ce serait malheu-
» reux que vous en fussiez de votre complaisance ;
» et, à son défaut, je vous autorise, Monsieur,
» à tirer votre argent de M. le fermier général
» dont je suis le créancier : il fera, n'en doutez
» pas, honneur à la signature de Mandrin ; et je
» vous la laisse.... Allons, Monsieur, mon dis-
» cours vaut bien 600 pistoles, sans doute, et
» je les attends...... avec vingt hommes pour les
» recevoir de votre main..... » — Il n'y avait pas
d'objection possible en face de semblable argu-
mentation ; les canons de fusils qui se dressaient
au fond de l'appartement achevèrent de porter la

conviction dans l'esprit du propriétaire.... Il compta, non sans beaucoup de soupirs, les 600 pistoles au *créancier* du fermier général. Celui-ci se retira avec la même bonne grâce et la même politesse... La chronique ajoute que, grâce au tabac laissé chez elle par le redoutable voleur, la vieille fit fortune. Nous ne le garantissons pas.

XVIII.

La monotone tranquillité des années suivantes, jusqu'en 1767, n'est interrompue, à Craponne, que par l'arrivée, en 1755, d'Ignace-Maurice de Vacherolles. Sa Majesté lui avait donné le commandement d'une compagnie de nouvelle levée pour le régiment d'Auvergne. Il avait été ordonné que le point de ralliement serait à Craponne. Cette réunion produisit une certaine agitation. Les nouvelles recrues embauchèrent un grand nombre de jeunes gens de la ville pour grossir le petit bataillon; ce qui eut lieu au grand regret et à l'extrême désolation des familles.

Nous devons signaler aussi, en 1756, une mission dont *les fruits*, s'écriait-on, *furent merveilleux*. On doit toujours applaudir à ces grandes épurations des consciences réveillées par des voix éloquentes.

Nous arrivons, avec 1767, au consulat de

G. Desfauchers. Nous lui devons quelques phrases. Il naquit à Craponne le 10 octobre 1734. Ses études achevées, il se rendit à Toulouse où il demeura, comme *clerc au palais,* depuis 1756 jusqu'en 1761 ; il prit dans ces fonctions cet esprit de recherches qui l'a caractérisé, et aussi quelque chose de pointilleux qui lui créa d'innombrables adversaires. Il eut le tort de se croire supérieur à tout ce qui l'entourait ; et cette conviction, qui lui donnait un ton agressif, un dédain de mise quotidienne, amoindrit tout ce qu'il pouvait y avoir de bon dans cette nature investigatrice.

A son retour de Toulouse, il se mit en quête de toutes les notes historiques, de tous les actes que pouvaient lui offrir les familles ; il en prit date, quelquefois le sommaire. C'était pour remplir ce qu'il appelait son *plan* de la ville de Craponne, une sorte d'histoire qu'il méditait depuis longtemps et dont il ne put écrire que la *table des matières;* car il avait compté sans la mauvaise volonté de ses concitoyens. Son histoire resta à l'état de projet [1].

---

[1] Voici le mauvais sonnet-acrostiche que l'on fit à cette occasion :

<pre>
Dans le vaste projet que tu viens d'enfanter,
On ne trouvera rien certainement à dire.
Mais il est plus aisé de bâtir que d'écrire!
Il est cependant beau d'avoir su projeter.
</pre>

Dans l'intervalle, il avait été nommé consul. Il montra dans sa charge de bonnes vues, de fécondes idées, de louables plans de réforme. Mais il en parla avec trop peu de modestie; on lui trouva d'ailleurs une fougue qui se conciliait peu avec le calme indispensable d'un administrateur; on le froissa, on le brisa même. Il en conçut une humeur chagrine qui, à quelques égards, peut rappeler Rousseau. Il avait, avec raison, respecté le pouvoir; il avait, en son honneur, jeté dans la cassolette l'encens à pleines mains; il le flétrit plus tard, peut-être parce qu'il n'en fut pas assez prisé lui-même; et celui qui ne rêvait que titres et blason, vint solliciter, à Paris, un certificat de bon patriote aux égorgeurs de 1793.

Il publia, en 1778, des *notes historiques* pour la

Nul de tes citoyens n'a daigné le tenter;
Il serait étonnant, odieuse satyre,
Que d'un si noble effort tu voulusses médire :
Un zèle pur de toi n'a rien à redouter.

Etre né pour le bien, s'efforcer de le faire,
Garder son cœur exempt de toute ambition;
Avoir de la droiture en son intention;

Rire des préjugés, être parfait notaire,
De ma sincère estime être l'unique objet :
Eh! voilà *Desfauchers*, notre auteur du *projet*.

ROBERT, *grammairien.*

recherche des anciennes limites du Velay ; ce livre est précieux sous beaucoup de rapports. Desfauchers annonce, dans cet ouvrage, l'*agriculture vengée, ou le passage imprévu de l'armée de César au domaine des Fauchers*. Nous avons deux manuscrits de ce *factum*. Nous voudrions, pour la gloire de l'auteur, que ce ne fût qu'une ébauche ou même une plaisanterie. C'est bien l'ouvrage terminé, tel qu'il l'envoyait à son fils chargé de s'en faire un honneur et un moyen de protection auprès du colonel du régiment où il servait. Cet ouvrage est un amas incohérent de citations de Virgile, d'Horace, de Racine ; le tout entremêlé d'une prose boursoufflée qui vise à l'idylle et n'est qu'une plate et informe suite d'épithètes sans excuse, ajoutées à des mots qui revêtent les plus pauvres pensées. Desfauchers a aussi écrit quelques vers ; il n'avait aucune idée de la mesure ; la rime seule le préoccupe ; et bien qu'elle soit heureuse quelquefois, elle concorde très-rarement avec le sentiment de la poésie.

Desfauchers appartient à l'histoire de notre pays ; la critique était de notre domaine. On excusera donc notre sincérité, sans laquelle l'écrivain, si modeste qu'il soit, ne saurait prétendre à la confiance du lecteur.

En l'année 1769, les murailles de la ville, que les habitants avaient élevées à grands frais et dont ils avaient été longtemps orgueilleux, tombèrent en partie sous le marteau ; Plusieurs tours disparurent. On avait besoin d'élargir les rues, de faire place aux routes. Il ne resta guère plus que les débris qu'on voit aujourd'hui : des murailles, quelques mètres ; des tours, deux, celles du Marchidial et du Pasturel.

Craponne manquait de moyens de communication avec le voisinage ; et pourtant, son importance déjà bien accrue, son commerce qui s'étendait au loin, ses marchés de chaque semaine, exigeaient des relations plus faciles et plus suivies. Le conseil politique s'en occupa en 1770. Il fut résolu que, d'abord, on ouvrirait des routes, on rectifierait les autres, et qu'ensuite on songerait sérieusement à un service de messageries pour les correspondances. On fut servi à souhait, sur ce dernier point, par les propositions que faisait l'administration des postes, d'établir, à Craponne, un bureau d'où les lettres pussent être dirigées, une fois par semaine, sur Le Puy, Monistrol, St-Étienne, Lyon et Paris. « Mais, l'administration, en favori-
» sant cette ville de Craponne de cette correspon-
» dance directe et ne pouvant consentir à en sup-
» porter tous les frais, il serait à propos, pour
» mettre la dernière main à cet établissement,
» que cette Communauté de Craponne participe à
» ses frais pour le paiement et gages du messager
» qu'elle doit établir de Craponne au Puy, pour
» le transport réciproque desdites dépêches. En

» conséquence, le conseil a délibéré et supplie
» Mgr l'intendant de permettre que, à partir du
» prochain rôle des impositions de l'année pro-
» chaine, il soit imposé, dans les rôles de ladite
» Communauté, une somme de 250 livres; et sera
» également supplié M. le baron d'Ogny d'engager
» l'administration générale des postes de consentir
» à payer une somme de 350 livres pour parfaire
» les appointements dudit message, qui sera monté
» à cheval, et qui partira de Craponne les mer-
» credi et samedi de chaque semaine, et qui
» arrivera à Craponne le lendemain. »

La chose se termina comme l'avait désiré le conseil.

Un coup d'œil maintenant sur l'état général de Craponne en 1774.

La paroisse était administrée par messire Caprais Privat, licencié en droit, prieur-curé de Craponne, en conséquence de la résignation à lui faite par messire Louis-Hercule de Pujol de Beaufort [1]. Le prieur était secondé par deux vicaires en titre [2].

L'église était encore desservie par vingt-quatre

---

[1] Depuis un temps immémorial, ce prieuré était possédé par résignation. Nous en avons les actes dès 1575.

[2] Messires Antoine Privat, Vital Ollier, de Craponne.

prêtres formant communauté. Cette sorte de collégiale avait un doyen et un sous-doyen [1].

La population, ville et banlieue, dépassait quatre mille habitants.

La justice civile et criminelle était exercée par des officiers nommés à cet effet par le vicomte de Polignac, en sa qualité de seigneur haut justicier de la ville et mandement. Ce corps était composé d'un bailli, d'un juge, d'un lieutenant de juge, d'un procureur fiscal et d'un greffier. Les notaires faisaient les fonctions de procureurs. Faute d'*auditoire*, les séances avaient lieu dans la maison du juge.

L'administration civile appartenait aux deux consuls, dont l'un remplissait les fonctions de *maire*, et l'autre celui de *lieutenant de maire*; à un maire nommé par le roi, enfin au *Conseil politique*.

Il restait à la ville les quatre fossés, les quatre portes. Elle comptait quatre places, dix rues, huit ruelles, six faubourgs, six fontaines.

L'instruction était donnée par les trois couvents, par le *grammairien*, par le *maître à lire et à écrire*, enfin par les filles de l'*Instruction*.

---

[1] MM. Pierre Grand, doyen, chapelain du château du Crozet ; François Carle, sous-doyen, ancien curé en Normandie.

XIX.

En cette même année 1774, 15 mai, eut lieu, dans l'église des Pénitents blancs, une réunion extraordinaire. Aucun des membres n'avait manqué à la convocation. Il s'agissait, pour l'illustre confrérie, d'une affaire majeure, la reconstruction de la chapelle. Chacun se sentait trop à l'étroit dans la pieuse enceinte; la compagnie ne pouvait s'étager à l'aise dans les stalles; le public manquait de place pour suivre ces offices bruyamment chantés et toutes les cérémonies qu'abrite la bannière de Gonfalon.

Malgré le chiffre élevé de 24,000 francs auquel se portait la dépense, la confrérie fut à peu près unanime pour accueillir la proposition du recteur. Le 22 mai 1775, le marteau avait commencé l'œuvre de démolition, et huit jours après, la première pierre du nouvel édifice était posée et bénite en grande pompe.

Ce fut le 12 janvier 1780 qu'eut lieu la bénédiction du saint édifice. Ce jour-là, malgré le froid que rendait plus pénétrant une épaisse brume, la cité prit un air de fête que motivait la cérémonie pompeusement annoncée le dimanche précédent. Aussi, dès huit heures du matin, la foule se pressait dans les rues adjacentes, se hâtant pour trouver place dans l'enceinte.

Cependant les confrères, au grand complet, se rendaient dans la chapelle des Augustines, où la confrérie s'était réfugiée pendant la reconstruction. Qui dira le gracieux sourire qui s'épanouissait sur les lèvres, la béatitude dont s'illuminaient tous les visages! Pour le concevoir, il faudrait connaître cet amour traditionnel du pénitent blanc pour sa bannière, pour son *ordre;* il faudrait savoir ce qu'il met, à la gloire de cet ordre, d'amour-propre, de passion même! Et ce jour était le grand triomphe de la confrérie sur des jalousies rivales!

L'aube blanche recouvre de ses plis chaque heureux confrère; le cordon de lin serre ses reins assouplis pour la circonstance; le capuchon, relevé sur le front, laisse tomber en arrière sa disgracieuse pointe; les dignitaires ont saisi le bâton doré que relève une large bande de velours rouge pour recevoir la main et qu'attachent des clous d'or; la croix processionnelle ouvre la marche; le pieux défilé commence.

C'était merveille d'ouïr le chant du *Veni Creator* que les confrères répétaient en se rendant à l'église où les attendait le clergé. Il y avait dans ces voix je ne sais quelles intonations qui trahissaient une émotion de plaisir trop longtemps contenue.

On arrive à l'église; de là, par un long détour, la procession se rend vers la nouvelle chapelle où commence la cérémonie qui est faite par le prieur.

La bénédiction terminée, une messe *à diacre et sous-diacre,* dit la chronique, est chantée sur le ton le plus solennel qui soit de mise chez les pénitents. De la chapelle nouvellement bénite, on remonta à l'église paroissiale pour reconduire le clergé. La même chronique a l'indiscrétion d'ajouter que, le soir, il y eut pour les confrères de copieuses libations; mais nous n'y croyons pas.

Nous regretterions que notre récit, mal compris, parce qu'il serait jugé en dehors des circonstances locales, fît croire à quelque mépris moqueur. Nous avons voulu nous égayer aux dépens des ridicules, jamais aux dépens d'une institution si dégénérée qu'elle soit. Nous avons essayé de peindre une scène d'un autre âge ; rien de plus.

Nous avons trouvé, dès le règne de Charles VII, la famille de Sanhard s'illustrant par de hauts faits d'armes ; les siècles n'ont point abâtardi son blason, ni brisé son épée.

En 1590, Henri IV mandait à César de Sanhard :

« A notre cher et bien-aimé César de Sanhard,
» salut ! Ayant délibéré de mettre sus et faire lever
» promptement et assembler bon nombre de gens
» de guerre, tant de cheval que de pied, pour nous
» en servir ès occasions qui se présenteront pour la
» conservation de notre état et de nos bons sujets,

» et d'en bailler la charge à quelques vaillants et
» expérimentés capitaines, à vous fidèles et assurés;
» de cette cause sachant les susdites qualités être
» en vous, nous avons commis et député, com-
» mettons et députons par ces présentes, signées
» de notre main, pour lever, mettre sus et assem-
» bler incontinent et le plus diligemment que faire
» se pourra, le nombre de 200 hommes de guerre
» à pied, français, des meilleurs et de plus aguerris;
» soldats que pourrez choisir et iceux mener et
» conduire à la guerre avec vous, sans désemparer
» ladite compagnie, sous la charge de notre cher
» et très-aimé cousin, le duc d'Epernon, l'un de
» nos pairs de France et colonel général de notre
» infanterie française, la part où il sera, par nous
» ou nos lieutenants généraux, ordonné et com-
» mandé pour notre service, faisant iceux vivre
» avec telle police qu'il ne vous en vienne aucune
» plainte. De ce faire nous avons donné et donnons
» plein pouvoir, autorité, commission, mandement
» à tous qu'il appartiendra, qu'à vous, ce faisant
» ils obéissent. Car tel est notre plaisir.

» Donné à Corbeil, le 4e jour d'avril, l'an de
» grâce 1590, et de notre règne le premier.

» Signé, HENRY.   Par le roy : signé, SUZE. »

Suivant une tradition, bien fondée, ce semble, cette noble famille descendait des comtes souverains du Vivarais. Elle avait étendu, dans le pays du Velay, de forts rameaux. C'était, à Saint-Didier-la-Séauve, Sanhard de la Fressange ; à Yssingeaux, Sanhard de Chamouroux ; à Craponne, Sanhard de Sasselange. De là sortirent beaucoup de capitaines de mérite, plusieurs officiers généraux que nous avons regret de ne pouvoir suivre pas à pas dans leur brillante carrière. L'histoire du fameux régiment d'Auvergne est, pour ainsi dire, l'histoire de la famille de Sanhard, dont tous les membres ont servi dans ce corps jusqu'à son licenciement. On n'en compte pas moins de neuf à la fois figurant dans une bataille où cinq d'entre eux furent tués ou blessés.

L'un de ces braves, Jean Sanhard de Chaumouroux, de Sasselange, avait épousé, à Craponne, la riche héritière de la famille du Fave-de-Montagier. Militaire de grande distinction, chevalier de Saint-Louis depuis la création de cet ordre, il fut tour-à-tour sous-lieutenant, lieutenant, capitaine de grenadiers, commandant de bataillon, lieutenant-colonel au régiment d'Auvergne. En 1754, il se distingua brillamment à la sanglante bataille de Parme, où il commandait ce même régiment d'Auvergne ; il y fut grièvement blessé après des prodiges de valeur ; deux régiments se disputèrent l'honneur de le porter dans sa tente, et le roi écrivit à son général en chef, le maréchal de Coigny, que,

10

» satisfait des services que M. de Sasselange lui
» avait rendus, il le créait brigadier de ses armées. »
Cette nomination est datée du 1er août 1734. Ce grade
répondait à celui de général de brigade, et c'était
le plus élevé de ceux que pouvaient atteindre les
gentilshommes de province.

Lorsque la Corse se révolta contre les Génois,
des secours furent demandés à la France. Elle
y accéda avec l'empressement qu'elle devait à des
alliés. Un plan de pacification, dressé sous les yeux
du cardinal de Fleury, fut destiné à être porté
en Corse par M. de Boissieux, neveu de
Villars. Cinq régiments devaient appuyer le diplomate et le remplacer au besoin avec des moyens
plus énergiques et souvent plus efficaces que des
protocoles. Ces forces, trop imposantes pour n'être
qu'un simple cortège d'ambassadeur, donnèrent de
l'ombrage aux habitants de l'île, à l'heure surtout
où leurs armes leur furent redemandées. Ils eurent
l'air de se rendre aux sollicitations persévérantes
de M. de Boissieux; c'était une ruse : ils profitèrent de la sécurité qu'inspira leur bonne volonté
apparente, attaquèrent inopinément les Français
et les repoussèrent dans Bastia. M. de Boissieux
était malade; le brigadier de Sasselange fut chargé
de le remplacer. Il resta pendant dix-huit mois à
ce poste de péril et d'honneur, c'est-à-dire jusqu'à
l'arrivée du maréchal de Maillebois qui sut enfin,
à force d'habileté, soumettre les rebelles.

Les blessures de M. de Sasselange le ramenèrent dans ses foyers, à Craponne; il y édifia ses concitoyens par ses vertus privées, comme il avait, capitaine, enthousiasmé ses soldats sur les champs de bataille.

Sous Jean de Sasselange, comme sous Jean-Aimé de Sanhard, son neveu, — qui, après avoir parcouru les mêmes grades que son oncle, fit la guerre de Flandre où il se distingua, surtout à Raucoux, et fut créé brigadier le 1er janvier 1748, — le régid'Auvergne acquit cette réputation de bravoure qui faisait écrire au maréchal de Maillebois, lorsqu'on se disposait à la guerre de Pologne : *Vous savez, Monseigneur, qu'un régiment tel que celui d'Auvergne décide souvent du gain d'une bataille.*

Jean de Sasselange laissa deux fils : Charles et Jean-Dominique. Le premier, capitaine au régiment d'Auvergne, chevalier de Saint-Louis, servit avec distinction pendant la guerre de Sept-Ans et périt glorieusement en 1761, à la bataille de Filingausein. Le second, son frère aîné, Jean-Dominique, seigneur du Pontempeyrat et autres lieux, épousa, en 1744, l'héritière de la famille Denis d'Almance, qui possédait les seigneuries et château du Besset, en Gévaudan. Il servit, avec la bravoure héréditaire dans sa famille, au régiment d'Auvergne et eut, à 26 ans, l'honneur d'être décoré par le roi lui-même sur le champ de bataille de Rhimberg. Quelque temps après, en octobre 1760,

Nicolas, chevalier d'Assas, commandait à Clostercamp, près de Gueldre, une avant-garde. Sorti du camp pendant la nuit pour reconnaître les postes ennemis, il tombe au milieu d'une colonne de grenadiers hanovriens qui, croisant vingt bayonnettes sur sa poitrine, lui crient : *Si tu parles, tu meurs!* Il y allait du salut de l'armée française. Le capitaine d'Assas n'hésite pas; et, recueillant toutes ses forces pour jeter une parole qui rendit utile son dévouement solitaire, il s'écrie du milieu de ces soldats déloyaux : *Auvergne, à moi! c'est l'ennemi!* Il tombe; mais son cri d'alarme est entendu. Jean-Dominique de Sasselange fut un des premiers à répondre au sublime appel. Il le devait à sa bravoure, il le devait à l'amitié. C'était un des plus fidèles compagnons de l'héroïque d'Assas.

Il eut à subir toutes les vexations, toutes les injustices de la révolution. Arrêté à Craponne et gardé à vue dans sa propre maison pendant dix-huit mois, ne trouvant plus pour soutenir et consoler sa vieillesse, ses deux fils qui avaient cru devoir à leur fidélité pour la cause royale d'aller grossir les rangs de l'émigration, il passa par toutes les angoisses de Damoclès, voyant un glaive nu suspendu au-dessus de sa tête. Il ne dut qu'à son grand âge d'être épargné par le tribunal révolutionnaire.

A défaut de la couronne du martyre, ses vertus lui en tracèrent une autre. Sa dignité dans l'indigence que lui fit, comme à tant d'autres, la confiscation, sa résignation religieuse qui domina tous ses maux, son calme qui donnait à son front la sérénité d'un patriarche dans l'épreuve, tout l'ensemble d'une vie de sacrifices et de bons exemples, le rendit l'objet d'une vénération profonde et universelle. Heureuse influence de la vertu qui garde toute sa force et toute sa persévérance à travers les tribulations de tout nom et de toute forme! La contagion de l'admiration et du respect gagna ses ennemis mêmes. Il faut se hâter de dire qu'il n'en eût d'autres que les ennemis de toute vertu. Aujourd'hui, à tant d'années de distance de lui, quand le nom de Sasselange est prononcé, ce sont des éloges qui, distinguant Jean-Dominique entre tous les hommes honorables de sa race, viennent en quelque sorte prolonger son oraison funèbre.

Cette oraison funèbre avait été prononcée le 19 avril 1816, surlendemain de la mort du vieux guerrier, mais non par la voix éloquente d'un prédicateur en grand renom; elle sortait de toutes les bouches. C'était surtout des prières devant ce cercueil sur lequel brillaient, entre les armoiries héréditaires [1], cette épée vaillamment tenue dans plusieurs batailles, le grand cordon rouge et

---

[1] Écartelé d'azur au sautoir d'or.

toutes les décorations qui revenaient de droit à ce vieillard âgé de quatre-vingt-dix-sept ans, doyen des officiers français et des chevaliers de Saint-Louis....... La population avait demandé qu'il fut inhumé dans l'église paroissiale. Ce vœu fut exaucé; ses restes vénérés furent pieusement déposés dans les caveaux d'une chapelle, au pied de cette *Dame-de-Pitié* dont tant de fois, quand la tourmente révolutionnaire le permit, le vieillard avait appelé sa miséricorde sur lui-même, sur sa famille et sur toute sa patrie. Il fut fils, père, frère, oncle, neveu de douze chevaliers de Saint-Louis du nom de Sanhard.

Jean-Dominique de Sasselange laissa sept enfants. Une de ses filles avait épousé son cousin Sanhard de la Fressange; une autre qui avait été élevée dans la maison royale de Saint-Cyr, puis nommée chanoinesse de Joursey, épousa, en 1797, M. de Vertaure, chevalier de Saint-Louis; trois autres filles étaient religieuses de la Visitation.

Un de ses fils, Pierre de Sasselange, baron du Besset, chevalier de Saint-Louis, naquit à Craponne en 1765; il entra au service en 1785 et fut attaché à l'école d'artillerie de la Fère.

Le 4 octobre 1789, il fut chargé, par une réunion de 260 officiers, d'aller offrir leurs services aux gardes-du-corps menacés d'une attaque.

Incorporé à la compagnie du duc de Grammont alors duc de Guiche, il se trouva aux journées des 5 et 6 octobre. Il fut assez heureux pour délivrer deux de ses camarades, MM. de Lamothe et du Sauvage, attaqués dans la rue par douze brigands armés. De ceux-ci cinq furent tués, deux blessés.

Il assista aux affaires de Quiévrain et fut du nombre des vingt-cinq *plumets blancs* qui, sous les ordres du comte Vinski, pénétrèrent dans le camp français. Il servit dans le corps de Carneville et des hulans britanniques.

En 1814, il rentra dans les gardes-du-corps et fut nommé chevalier de Saint-Louis. Après le licenciement de sa compagnie, il fut nommé sous-préfet d'Ambert. Il est mort célibataire en 1838, retiré dans le Gévaudan, au château du Besset, vieux manoir de ses ancêtres maternels descendants du fameux baron des Adrets.

Son frère aîné, Jean-François-Régis de Sasselange fut d'abord page de Louis XV, puis premier page de Louis XVI. Il eut le bonheur de prouver à cet infortuné roi un entier dévouement en plus d'une circonstance. Il en reçut d'honorables témoignages d'affection. Louis XVI lui fit don d'une épée et l'éleva, en 1777, au titre de marquis. Celui de baron appartenait déjà à sa famille.

A vingt ans, capitaine de cavalerie dans le régiment du roi, on put présager au jeune marquis un brillant avenir. En 1789, il commandait dans le Poitou. Il eut à réprimer de sanglantes émeutes, celles surtout de Saint-Maixent, Lusignan et Poitiers. Dans des circonstances si graves, on dut à sa grande énergie le rétablissement de l'ordre. Il n'en fallait pas davantage pour qu'il devînt le point de mire des révolutionnaires. Sa tête fut mise à prix dans les clubs, et un jour il fut blessé d'un coup de pistolet tiré à bout portant.

Un grand nombre de gentilshommes s'étaient assemblés, par ordre du roi, sous le vicomte de la Châtre, dans les murs de Poitiers; M. de Sasselange, par sa prudence, son sang-froid et son courage, parvient à leur sauver la vie. Le ministre de la guerre et le duc de Mailhé, commandant de la province, lui adressèrent, à cette occasion, des lettres flatteuses, et le roi lui fit dire par son colonel « que dans cette conduite il » avait reconnu son premier page. »

Ses soldats, témoins de ses rares qualités, l'environnaient de tant d'affection et d'un si complet dévouement que toucher à sa personne c'était les toucher eux-mêmes au cœur. Un jour qu'il traversait Orléans, les clubs, auxquels de haut lieu on avait signalé le marquis de Sasselange, usèrent de tous les moyens pour exciter son régiment contre lui. Voici la réponse de ses cavaliers : « Si on touche à notre commandant, le fourrage de » nos chevaux servira à mettre le feu à la ville. »

En 1790, les officiers de son régiment le députèrent auprès de Louis XVI. Il s'agissait de prendre ses ordres secrets au sujet de l'émigration. Le roi exigea qu'ils restassent à leur poste, tant que leur vie ne serait point en danger.

A cette époque même, M. de Sasselange fut nommé lieutenant-colonel de son régiment. Il le maintint fidèle jusqu'en mars 1792. Tous ses officiers, une grande partie même de ses soldats le rejoignirent à Apt. Ils y formèrent une compagnie sous les ordres de M. de la Châtre. Il prit part, à Quiévrain, aux affaires des 29 et 30 avril et 1er mai 1792. Il fit la campagne de cette même année sous Mgr le duc de Bourbon, et se rendait à Quiberon lorsqu'il fut retenu par les princes et mis à la disposition du comte d'Artois.

Cependant il passa plus tard en Vendée, et profita de l'amnistie accordée par Bonaparte aux Vendéens.

La carrière militaire du marquis de Sasselange était finie. Il refusa des offres brillantes. En 1814 il fut fait chevalier de Saint-Louis. Cette distinction semblait héréditaire dans sa famille, car depuis la création de cet ordre, tous ses membres en avaient été décorés.

Il avait épousé en 1802 Louise-Gabrielle-Hortense Corbon de Saint-Genest, dont il eut 1° Régis-Antoine de Sanhard, marquis de Sasselange, marié en 1836 à Charlotte de Rivière;

2° Jeanne-Amédée de Sanhard, comtesse de Sasselange, qui fut honorée de la croix et du titre de chanoinesse de l'ordre noble de Sainte-Anne de Bavière.

Le marquis de Sasselange avait aussi été nommé chef de légion des gardes nationales de son département, et en 1815, il accepta la place de conseiller de préfecture, dont il se démit en 1830 pour rester fidèle à ses serments et à son roi.

Il est mort à Craponne en 1838, âgé de 81 ans, débris glorieux de cette ancienne et loyale chevalerie française à qui l'histoire a consacré tant de belles pages.

XX.

Nous remontons à 1775. Les Polignac qui, chez nous, s'effaçaient peu à peu, n'avaient qu'un seul représentant de leurs droits, et, en l'absence du titulaire, les citoyens inclinaient à ne plus rien donner aux collecteurs seigneuriaux. Ils furent souvent jusqu'à refuser même le droit de la *leude*. Le vicomte était menacé de ne plus rien recueillir. Il se plaignit à juste titre, et enfin il réclama auprès du sénéchal : « Supplie Louis-Hé-
» racle-Melchior, vicomte de Polignac, seigneur
» haut justicier et foncier de la ville et mande-
» ment de Craponne, disant qu'il lui appartient
» un droit de leude sur tous les grains, bestiaux,
» fruits, etc., qui sont vendus dans ladite ville....
» Les Polignac en ont toujours joui sans con-

» teste. Mais il advient que des esprits turbulents
» excitent ceux qui exposent en vente, à l'effet
» de leur faire contester ledit droit. Mais ce droit
» est seigneurial et en tant ne peut être sujet à
» vérification. A ces causes, pour dissiper les
» préventions des paysans, voudrait le suppliant
» qu'il vous plût d'enjoindre de payer ledit droit
» sous peine d'amende. »

Ce qui fut accordé au vicomte.

La scène de deuil qui s'était passée, en 1635, pour le R. P. André Boutier, se renouvela, cette année, à Craponne. Une femme sortie d'une famille aussi ancienne qu'honorable, la mère Charlotte de Vinols, venait de mourir [1]. Ce n'était qu'une simple religieuse, une humble *fille de saint Joseph!* Mais une vie dont chaque jour avait été un bel exemple ou un bienfait ; trente années de supériorat au milieu de celles dont elle n'eût été que la *sœur*, s'il ne lui eût été plus doux d'en être la *mère;* une haute et droite raison, une affabilité et une patience inaltérables : tout cela avait élevé, aux yeux de ses concitoyens, cette simple femme aux proportions d'une *sainte*. Elle fut plus invoquée que pleurée. Chacun vou-

---

[1] Le 13 janvier 1773, à l'âge de 76 ans. Elle fut enterrée dans la chapelle des sœurs de saint Joseph, devant la grille de leur chœur.

lut avoir un lambeau de cette bure qu'elle avait portée, un grain de ce chapelet que ses mains pieuses avaient roulé tant de fois, au milieu des ferveurs de son âme !....

Des parfums qu'exhalent de telles existences, revenons aux petitesses que font naître les passions humaines.

Nous touchons à un procès curieux à force d'être ridicule, et qui fut, dit un mémoire, *le produit du désespoir et le dernier effort de la chicane.*

Le 14 février 1775, était mort M. Parrel de Veyraguet, juge de Craponne. Selon le droit et l'usage, cette place vacante revenait au lieutenant de juge, M. Gallet, qui, sur la nomination de M. de Polignac, était là depuis vingt ans. Cette substitution ne fut pas du goût de quelques intrigants qui, pourtant, cachèrent leur dépit dans l'ombre. Tous ceux qui étaient en place, consuls et autres, vivaient en bonne intelligence avec le nouveau titulaire.

Une pomme valut à Troie tous ses malheurs ; une partie de *tric-trac* valut bien des dissentiments à Craponne : la discorde vint d'un dépit de perdant. Le lieutenant de maire, Caprais G***, jouait avec le nouveau juge ; la justice avec le consulat. Le consulat perdait et son deuxième titulaire Caprais dit ce gros mot à son victorieux partner : « *On s'ennuie à jouer avec vous !* » La guerre était allumée ;

guerre qui eut ses péripéties, ses combats, toutes les phases d'une lutte haineuse.

A quelque temps de là, il y avait réunion dans la loge maçonnique de la *Franche-Amitié*, — car Craponne possédait déjà sa loge souterraine et munie de tout cet attirail qui jette du mystère et de l'horreur sur l'initiation : ténébreux repaires d'où sont sorties plus d'une fois d'ardentes excitations à la guerre civile !... Disons cependant que, dans la loge craponnaise, il n'y avait ni poignard, ni conjuration anarchique. C'étaient la joie et de copieuses libations qui faisaient les frais de chaque séance ; on ne connaissait que les cris de guerre d'Horace et les armes de Silène.

Nouvelles agressions du lieutenant de maire Caprais G*** à l'adresse du juge, et en des termes que notre plume se refuse à transcrire. Inattention volontaire, silence affecté de la part du juge ! Ce dédain ne fait pas le compte de l'insulteur.... Il choisira un théâtre plus vaste, une circonstance plus solennelle. Il attendra une prochaine séance du conseil politique.

C'est au juge de présider, et il préside. *Je ne vous reconnais pas ce droit !* s'écrie le lieutenant Caprais G***. Le juge se tait et la modération dissimule encore pour un instant le ressentiment.

La chose en serait peut-être restée là ; mais, derrière le lieutenant de maire, se cachait un homme haineux, inquiet, lequel, parce qu'il

avait été autrefois consul, s'octroyait le droit de tout règlementer dans la commune. C'était lui qui avait mis en avant le second consul, *comme un pion,* dit un mémoire, et qui dans l'ombre tenait la plume et attisait le feu. Celui-là donc, qui avait nom Dominique G***, fait signifier au juge Gallet d'incroyables choses ; après de longues et sanglantes insultes, il résume ainsi son pamphlet :
» qu'il ne le reconnait pour *juge* ni à l'assemblée,
» ni dans aucune cérémonie ; qu'il ne le regarde
» point comme *lieutenant de juge,* car il a perdu
» ce titre en prenant celui de juge ; qu'il ne le
» reconnait pas pour *ancien consul,* parce qu'il
» prouvera que son élection était irrégulière ; qu'il
» ne le reconnait pas pour *marguiller,* parce qu'il
» est dans une position abusive ; qu'il ne le re-
» connait pas pour *avocat,* parce qu'il a ravalé la
» dignité de cette profession ; qu'il ne le recon-
» nait pas pour *seigneur de Fraix,* parce qu'il en
« prend induement la qualité ; que relativement à
» leur âge, il n'est pas, *lui,* jaloux que son ad-
» versaire lui soit *supérieur en cela.* »

Cette notification avait lieu la veille de la Fête-Dieu 1775. C'était le signe précurseur de l'orage pour le lendemain.

Le jour se lève radieux et pur. La ville a son aspect des plus grandes fêtes. Les tentures se déploient sur les maisons dont plusieurs sont pavoisées ; des mains pieuses tressent des guirlandes de verdure ; les enfants, en blancs habits de lin, des couronnes sur la tête, effeuillent des fleurs dans leur riche corbeille ; les autres balancent l'encensoir d'où jaillissent des flots de fumée odorante ; les prêtres, rangés sur deux files, marchent à la suite des corporations qui déploient orgueilleusement leurs drapeaux *blanc, violet, vert* ou *rouge ;* les vierges, dont les austérités et la prière sanctifient la bure, sous l'humble nom de *Filles de la Croix, de Dominique et de Joseph,* défilent sur la grande place de l'église; les joyeuses volées de la cloche traduisent, dans les notes brèves et gaies du carillon, la joie de tous et annoncent le départ de la longue procession ; on n'attend plus que le prêtre qui porte l'ostensoir étincelant.... Pourquoi tarde-t-il?...

Au fond d'une obscure chapelle, un drame avait lieu. Dans toute la force et la tranquillité de son droit, le juge, en robe d'audience, était venu prendre un des bâtons du dais sous les crépines d'or duquel devait s'abriter l'hostie eucharistique portée en triomphe. Tout-à-coup, il est brutalement repoussé par le lieutenant Caprais G***, qui s'empare du bâton déjà saisi, tandis que l'ancien consul, Dominique G***, son inspirateur et son organe, prend brusquement le second.

Grand scandale! grande rumeur! L'assistance prend fait et cause, qui pour le juge, qui pour le lieutenant Caprais. On replace l'ostensoir sur l'autel, jusqu'à ce que le juge Gallet, dévorant silencieusement l'insulte se soit retiré devant la violence heureuse. La procession reprend ensuite sa marche interrompue, et les deux vainqueurs, la tête haute, promènent leur triomphe dans tout le parcours de la ville.

Mais quelle que fût la patience du juge, il ne pouvait plus longtemps subir de pareils outrages. Il intenta à ses persécuteurs l'étrange procès dont les détails dépassèrent les limites de la petite ville: Alors mémoires sur mémoires, affirmations, négations, témoins, tout le bruit, tout le mouvement d'une grave affaire. Elle resta longtemps pendante devant le sénéchal du Puy. Enfin gain de cause fut donné au juge Gallet. Ses adversaires se pourvurent en appel; une sentence du parlement confirma celle du sénéchal; et, pour dernier châtiment infligé aux insulteurs, l'année d'après, le juge fut nommé consul. Ceux-là se vengèrent par des plaisanteries, des épigrammes peu spirituelles, des mémoires diffus, par tous ces riens avec quoi l'orgueil froissé se console d'avoir soutenu une cause détestable. Le ridicule leur resta, et aussi, sans doute, le remords d'une mauvaise action.

Nous avons longuement traité un incident qui, sans doute, ne méritait pas une page d'histoire. Mais nous ne pouvions moins faire! On donna à cette misérable chicane une telle importance! Et tant de gens, bas et haut placés, s'en occupèrent!

A *chacune de nos phrases* correspond un *factum* de plusieurs centaines de pages. On épuisa, pour ce rien, la fécondité de Beaumarchais, moins le talent, bien entendu!..

XXI.

Aux états du Languedoc, dans la séance du 17 février, à la suite d'une discussion, l'archevêque de Narbonne fut prié d'écrire, au nom de l'assemblée, au contrôleur général et à l'intendant d'Auvergne, pour leur représenter l'intérêt que le Velay aurait à jouir de l'entier achèvement du chemin qui avait été décrété par les deux provinces, entre le Puy et Craponne [1], et d'obliger la province d'Auvergne, pour la portion de son territoire, qui était enclavée dans celui du Velay, à exécuter les engagements qu'elle avait pris à cet égard. C'est tout ce qui mérite d'être mentionné pour cette année.

L'année suivante, quelques citoyens se plaignirent amèrement, devant la cour des aides, de la collecte forcée et en demandèrent décharge. Elle leur fut accordée, et une condamnation fut prononcée

---

[1] Cette portion comprenait environ trois lieues, à partir du point où la *Boléna* joint la route actuelle de Craponne à Saint-Paulien et un peu au-delà.

contre les consuls. Ils eurent beau réclamer devant Monseigneur l'intendant et ensuite auprès des commissaires du roi, il fallut payer, et cette sentence les rendit plus circonspects et dans l'emploi des fonds de la commune et dans le vote des impôts.

Un rien devenait une occasion de murmure, de dispute, à Craponne; et aussitôt un parti bien formé se levait contre l'auteur d'un acte jugé arbitraire ou injuste. En 1756, à la suite d'une mission, le prieur jugea à propos de donner pour but, à la procession de chaque dimanche, la croix qui avait été élevée à la suite de cette mission [1]. Ce

---

[1] A chacune des croix dressées sur les chemins, dans la banlieue de Craponne, la tradition attache quelque légende. Nous ne parlerons que de celle qui porte le nom de *Croix de Saint-Robert*.

Selon cette tradition, l'illustre moine, cherchant la solitude où il voulait abriter ses vertus, s'aventura sur les hauteurs que domine la croix qui porte son nom. Déjà il avait mis la cognée à l'arbre de la forêt pour construire sa cellule, lorsque advinrent quelques gens du voisinage. Ils se moquèrent du saint, ils l'interrompirent dans son pieux travail. Le diable, dit-on, se mêla de la besogne et ajouta ses persécutions à celles de gens qui ne valaient guères plus que lui. Ces obstacles, suscités par la terre et par l'enfer, firent comprendre à Robert que la contrée n'était pas digne de lui. Il se jette à genoux, il prie; puis, se levant inspiré, il lance, d'un brusque mouvement et au hasard, la hache qu'il tenait à la main, laissant Dieu maître de lui choisir le lieu où il voulait être honoré par son serviteur. La hache tomba à la place où s'éleva plus tard l'abbaye qui porta le nom mystique de Case-Dieu. L'ange du Seigneur y emporta le saint sur ses ailes...

changement ne put se faire sans déposséder une croix plus ancienne, érigée sur la *place du Fort*. Grande rumeur dans le quartier, plaintes amères, sommations au prieur, mémoires. Croira-t-on qu'il fallut l'intervention de l'Evêque? Il arriva à Craponne, accompagné d'un enfant du pays, son vicaire-général, l'abbé des Granges de Rachapt. Il eut grand'peine à calmer les esprits, à calmer les craintes d'empiètement, que sais-je? Et encore, après son passage, en témoigna-t-on de la mauvaise humeur. Il faudrait, devant des faits semblables, tenir la plume satyrique de Boileau, et ajouter des chants de plus au *lutrin!*...

Nous retrouvons, en 1785, les antiques prétentions de Craponne pour l'entrée aux Etats; mais ces prétentions ont grandi! Autrefois, il ne s'agissait que de l'entrée d'un diocésain pour toutes les villes réunies, lequel diocésain aurait été nommé, à tour de rôle, pour chacune d'elles. Cette fois, il est question de l'entrée de ses deux consuls. « Il » conviendrait, dit la délibération, que cette ville et » communauté de Craponne, usant de ses droits, » supplie nos seigneurs des états particuliers du » pays du Velay, de vouloir s'intéresser et accorder

---

Pour compensations, la contrée craponnaise n'eut que le privilège d'apercevoir, du point où s'élève la croix, les hautes tours de l'église monacale. Au lieu d'un célèbre monastère et d'un glorieux tombeau, elle n'eut qu'un souvenir.

» leur protection auprès de nos seigneurs des états-
» généraux de cette province du Languedoc, à ce
» qu'il plût à cette auguste assemblée d'accorder
» dorénavant en iceux entrée aux consuls de cette
» ville de Craponne, sans préjudice du droit des
» autres villes... »

Les évènements qui suivirent, on le comprend, rendirent cette démarche inutile. Elle l'était en effet. Il s'agissait d'une convocation bien autrement solennelle que celle des états d'une province! Il s'agissait de la convocation des *états-généraux* qu'ordonnait l'infortuné Louis XVI.

Craponne crut devoir faire, à ce sujet, ses observations à l'*assemblée des notables*, réunie à Versailles.

Il existe un long mémoire, dans lequel la commune donne ses idées et ses plans; on réclame partout une large part, dans l'assemblée, pour le tiers-état; on fait des calculs, des statistiques. Heureusement que le mémoire s'en tint modestement à la province du Velay[1]!

---

[1] Ont signé : Martin, premier consul; Grand, deuxième consul; Vacherolles, chevalier de Saint-Louis; Dubourg, lieutenant au régiment lyonnais; de Sacellange de Sanhard, chevalier de Saint-Louis; du Cluzel, gendarme de la garde du roi; Gallet-Fontneuve, ancien consul-maire; Martin, procureur fiscal, procureur du roi; Liogier, avocat en parlement; Daurier du Fayt, avocat; Favier, avocat; Porrat de l'Olme, avocat; de Torrilhon; Privat; Delort;

Le 19 mars 1789, les ducs, marquis, comtes, barons, châtelains et tous les nobles possédant fiefs, les archevêques, évêques, abbés commandataires, prieurs, etc., étaient cités « à compa-
» roir en personne ou par procureur de son or-
» dre, fondé de pouvoirs suffisants, par-devant
» M. le lieutenant-général, pour assister à l'assem-
» blée des trois états, qui sera tenue dans la ville
» du Puy, le 31 mars, et concourir, avec les
» autres députés de son ordre, à la rédaction
» des cahiers de doléances, plaintes et remon-
» trances et autres objets exprimés en l'ordon-
» nance royale, et procéder à la nomination des
» députés qui seront envoyés aux états-généraux,
» etc..... »

Deux prêtres, nés à Craponne, eurent les honneurs de la représentation nationale pour le clergé : l'un au Puy, le prieur Privat ; l'autre à Clermont, l'abbé Brignon, curé de Dore-l'Eglise. Ils se conduisirent l'un et l'autre, dans l'assemblée qui se réunit le 5 mai, comme deux nobles cœurs, comme deux saints prêtres [1]. On connaît toutes les phases,

---

Girard; Vernadet; Bardon; Bohet; Delaigue; Carle; Veyret; Boulle; Fayolle; d'Anthony; Breul; Mosnier; Faucon; Vignan, etc., etc.

[1] François-Caprais Brignon naquit à Craponne en 1738; il fut élève de Sorbonne. Il mourut assassiné par les *Chauffeurs* de 1797,

tous les résultats de cette assemblée. L'histoire a flétri tout ce qui fut odieux, sacrilège et sanglant.

Il ne peut entrer dans notre plan d'esquisser cette orageuse époque chez nous. Ce n'est pas que les éléments nous manquent! Mais c'est là de l'histoire contemporaine ; les noms propres viendraient sous notre plume. Pourquoi réveiller des récriminations rétrospectives et de mauvais souvenirs?

Toutefois, comme il est bon de conserver à l'histoire quelques-uns de ces traits qui caractérisent une époque, on nous permettra de parcourir rapidement deux ou trois feuillets de ce trop long volume. Puissent les erreurs de nos pères éclairer l'avenir! En lisant ce qu'ils ont été,

---

dans son presbytère de Dore. Son portrait fait partie de la collection Dejabin, t. II, portr. 120. — On a de lui : *Opinion* de C. Brignon, député à l'assemblée nationale, au sujet du décret sur la constitution civile du clergé, adressée à ses commettants le 26 novembre 1790, brochure in-8º de seize pages ; — *Observations très-courtes* sur la réponse de M. l'abbé Tridon à la déclaration de M. l'abbé Laurent, député du Puy-de-Dôme, pour servir de développement à son Opinion.

M. Privat était né le 6 janvier 1730. Il publia : *Lettre à mes paroissiens sur mon refus de serment*; in 8º, Paris 1791. — Il fut compris, comme septuagénaire, dans l'exception du décret de bannissement contre les prêtres réfractaires. Il en fut ainsi, à Craponne, de son frère l'abbé Privat, de Joseph Carle, Jérôme Grand, Pierre Brun, Laurent Mosnier, Jacques Buisson. — Le prieur mourut à Craponne le 7 vendémiaire an VII. Son frère refusa de lui succéder comme curé. La place revint à M. Pipet, puis à M. Arnaud.

comprenons ce que, un jour, nous aurions pu être !.....

Afin d'effacer toute trace de ce que l'on appelait avec affectation l'ancien régime, on divisa la France en quatre-vingt-trois départements. Le Velay fut compris dans celui de la *Haute-Loire*. A cette occasion, Craponne demanda, par nombre de considérants, de former un district, comme Brioude, comme Yssingeaux ; Usson prit une délibération pour se joindre à Craponne ; plusieurs bourgades en firent autant et sollicitèrent pour notre ville un chef-lieu d'arrondissement ; peine perdue, courses, mémoires, correspondances inutiles. Il fallut se résigner à n'être que *chef-lieu de canton*.

Le 15 août, la commune de Craponne se constitua. « Vu que M. Porrat-Delolme avait été nom-
» mé administrateur de la Haute-Loire, en entrant
» dans le directoire du département, il était ur-
» gent de procéder à l'organisation d'une muni-
» cipalité. » M. Parrel de Reiraguet, avocat et bailli, fut nommé procureur de la commune.

XXII.

Le 23 octobre 1791, le prieur, député à l'assemblée générale, revint à Craponne. Nous citons

le procès-verbal : « Comme son arrivée était déjà
» publiquement annoncée, tous les aristocrates se
» rendirent sur la route de Lyon pour lui témoi-
» gner leur satisfaction de son heureux retour.
» Le lendemain, à son lever, il eut la visite de
» tous les monarchiens, à la tête desquels s'éta-
» blit le sieur Porrat, maire, avec les fondateurs
» et instituteurs du club monarchien ; et tous,
» bigotes et aristocrates, criaient : *Vive notre
» pasteur !* et ils baisaient sa soutane. Ensuite, à
» l'heure de dix, il fut célébré la grand'messe
» dans l'église des *sœurs de saint Joseph*, et dans
» laquelle église il fut admirablement accueilli avec
» acclamation et battements de mains. C'est le
» rendez-vous du culte religieux séparé que l'es-
» prit de fanatisme y a établi par les avis donnés
» dans les missives du prieur. Cette allégresse gé-
» nérale, dans cette église conventuelle, fut sui-
» vie du *Te Deum* à deux chants : l'un par les
» *sœurs*, derrière leur chœur, l'autre par le
» *peuple fanatisé*. Aussi bien voyait-on le réfrac-
» taire sourire agréablement de cette réception.
» Le soir il y eut un feu de joie, autour duquel
» eurent lieu des réjouissances et des acclama-
» tions réitérées : *Vive notre pasteur, le martyr de
» la religion !* Ce qui ne laissait pas de chatouiller
» agréablement l'âme de ce saint vivant.... Aussi
» attendons-nous avec impatience les merveilleux
» effets du décret qui l'obligera enfin à prêter le

» serment de fidélité qui jusqu'ici inquiète son
» âme, et qui dissipera tous les faux préjugés du
» fanatisme. » C'est le procès-verbal de la *Société des Amis de la Constitution*. Rien de plus curieux que les nombreuses adresses de cette société clubiste aux frères et amis les Jacobins !

Le 18 mars, les rues furent ensanglantées. La population tout entière voulait, contre l'avis de quelques turbulents, que l'église paroissiale fût rendue au culte catholique. C'était juste, puisque, comme l'avoue le procès-verbal, « les dix-neuf » vingtièmes des habitants étaient pour les prêtres » non jureurs ». De là, agitation, rassemblement, émeute. Le brigadier de la gendarmerie nationale, arrivé depuis quelques jours, Laval-Beaufort, était là avec ses hommes pour maintenir l'ordre. Tout-à-coup, une détonation se fait entendre; le brigadier tombe frappé à mort. Qui avait lancé la balle ? Personne ne le dit, peut-être personne ne le sut, et la municipalité se hâta de déclarer qu'elle n'était pour rien dans l'assassinat, ni directement ni indirectement. Les frères et amis écrivirent aux Jacobins : « Nous nous y sommes » transportés, mais trop tard pour empêcher les » désordres, assez tôt pour faire respecter les » lois. »

L'administration ne marchait pas assez vite pour les démocrates et dans le sens de leurs idées ; ils s'en plaignent amèrement à la fraction jacobine :

« C'est avec empressement, frères et amis, que
» nous répondons à votre lettre du 4 janvier ;
» nous y voyons que vos sentiments s'accordent
» avec les nôtres ; mais nous sommes loin d'avoir
» des concitoyens intelligents comme ceux qui
» vous entourent. — Dans le principe de notre
» établissement, nous étions assez nombreux ; les
» habitants des campagnes étaient pour nous ;
» nous avions commencé à leur faire connaître
» les avantages que la constitution leur assurait ;
» nous serions parvenus à détruire chez eux les
» faux préjugés qui leur étaient inculqués par les
» ci-devant seigneurs, si le fanatisme ne fût venu
» troubler l'ordre public et détruire le fruit de
» nos travaux. — Nous avons longtemps lutté con-
» tre des calomnies atroces ; nous étions même
» parvenus à élire une municipalité amie de la
» constitution, et par sa conduite ferme, cette
» municipalité faisait grand bien. Eh bien ! frères
» et amis, le croirez-vous ? le directoire du dépar-
» tement, entaché d'aristocratie, vient d'annuler
» cette nomination, à la suite d'une pétition adres-
» sée à la simplicité des cultivateurs. Le croirez-
» vous encore ? Sans avoir vérifié la valeur des
» griefs imputés à la nouvelle municipalité par
» cette pétition clandestine, on rétablit les anciens
» fonctionnaires. Vous jugerez de nos maux et nous
» plaindrez sans doute, car nous nous voyons à
» la veille d'avoir une guerre civile. Veuillez bien,

» frères et amis, intéresser à notre sort MM. Brisset,
» Condorcet et généralement tous nos législateurs ;
» car on n'a commencé à annuler notre munici-
» palité que pour en faire autant de toutes celles
» des environs, imbues de vrai patriotisme. Indi-
» quez-nous la marche que nous devons suivre
» dans ces circonstances périlleuses. Aidés de vos
» instructions, nous travaillerons au bien public,
» toujours résolus à mourir plutôt que de rentrer
» dans les fers. »

Cette lettre fut suivie d'une autre qui s'étend avec douleur sur dix sujets de mécontentement pour le club démocratique. Le plus grand porte sur ce fait que nous avons plaisir à enregistrer, à l'honneur de la majeure partie de la population craponnaise : « Sur vingt-un prêtres qui habitent
» encore cette ville, y compris les moines, il n'y
» a que le seul curé constitutionnel qui officie à la
» paroisse; tous les autres vont au culte religieux
» maintenu, parce que les dix-neuf vingtièmes de
» la population sont pour eux. »

Pendant quelques mois encore, la révolution ne marcha point à Craponne au gré de ces impatiences républicaines. Il y avait un long travail à faire pour démoraliser la conscience des masses et leur ôter leur foi religieuse et politique; on ne déracine pas si facilement de vieilles croyances et nous savons, sous la rubrique d'une date récente, qu'on ne change pas d'un tour de main le tem-

pérament séculaire d'un peuple, ses idées, ses habitudes, toute sa vie!... Aussi, le 5 août 1792, le club sent-il le besoin d'instituer un comité de surveillance. « La patrie est en danger ! dit la dé-
» libération ; il faut nommer quatre commissaires
» qui, de concert avec le président, choisiront,
» *dans le plus grand secret,* les membres qui
» composeront le comité. » Et, pour mieux chauffer l'opinion, on s'affilie à plusieurs sociétés démocratiques, on établit une correspondance active avec les frères et amis du Puy, on distribue *gratis* un ouvrage anarchique écrit par un compatriote qui habitait Paris [1].

L'abolition de la royauté avança mieux les affaires démocratiques que toute cette propagande. C'est le moment du triomphe pour le parti avancé ; il chante sa joie en ces termes dans la séance du 29 octobre 1792 : « Notre société éprouva, dans
» sa naissance, d'autant plus de difficultés que nous
» habitons un sol où les plus minces bourgeois
» s'érigeaient en seigneurs et maîtres ; où les *rayons*
» *de la philosophie* n'ont jamais percé et où les
» prêtres, en trop grand nombre, profitaient de
» l'ignorance du peuple pour lui *verser* le venin du
» *fanatisme.* Une société anti-populaire chercha à

---

[1] *Avant-propos*, principes sur la révolution, quelques feuilles, par J.-B. Thévenon.

» disperser les premiers membres de la société qui,
» enfin restée seule, a fait connaître la raison et
» le bonheur sur des montagnes où ils n'avaient
» jamais pénétré. Nous ne devons cette existence
» qu'au génie tutélaire de la France ; tout le peu-
» ple le sent aujourd'hui, et lorsqu'il apprit le
» décret qui renverse pour jamais les tyrans, sa
» joie s'est portée à l'ivresse ; il l'a témoignée de
» toutes les manières, dans un repas surtout qui
» réunissait tous les enfants de cette grande fa-
» mille. Hier, à midi, la municipalité proclama
» le décret qui abolit la royauté, et l'arbre sacré de
» la République fut planté avec la pompe que
» méritait cette auguste cérémonie. La déesse de
» la liberté, portée par quatre grenadiers, brisa
» et foula aux pieds tous les attributs et ho-
» chets des tyrans. L'air retentit des cris de :
» *Vive la République! Nous mourrons pour la dé-
» fendre!* Une table de plus de mille couverts
» reçut les nouveaux citoyens. Là, tout le monde
» fut confondu dans une sainte égalité ; plusieurs
» toasts furent portés aux libérateurs du peuple.
» Après le repas, une farandole générale nous
» conduisit au feu de joie qui doit se renouveler
» tous les ans, ainsi que l'illumination qui eut
» lieu ; et au lieu de l'*Ut queant laxis* de la Saint-
» Jean, on chantera l'hymne des Marseillais, con-
» nu ici des plus petits enfants. »

Les résistances continuèrent cependant et chaque

jour les gens qui étaient maîtres du pouvoir furent obligés de verbaliser, de se plaindre, de récriminer contre ceux « qui ne voulaient pas, dit le » procès-verbal, s'associer au bien de la patrie et » à la régénération miraculeuse qui s'opérait et » devait, par ses résultats, étonner la postérité. » Des précautions furent prises pour que jamais aucun de ces aristocrates n'entrât dans une charge quelconque et ne vînt « souiller la moindre » liste, même pour une candidature de garde » champêtre. »

Il fallait donc reprendre la génération par la racine et inoculer aux enfants les idées qu'on ne pouvait imposer aux pères; un prix fut établi pour récompenser celui d'entre les jeunes citoyens qui, dans un temps donné, réciterait le mieux de mémoire « le Catéchisme républicain, le décret sur » les droits de l'homme. »

Les espérances qu'on avait conçues de cette éducation ne rassurèrent pas le comité de surveillance; il voulut avoir à son service autre chose que le symbole républicain; il réclama deux pièces de canon. « Nous sommes, disait-il le 19 janvier » 1793, entourés d'ennemis du bien public, de fa-» natiques, de méchants. Nous ne pouvons les » contenir que par la force. »

Tout le travail du comité ne fut pas perdu. A son appel, on vit arriver des dons patriotiques de plusieurs genres. Chacun selon son degré d'éloquence assaisonnait l'offrande de paroles qu'on se hâtait d'enregistrer plus fidèlement que ne l'eût fait Tacite. Les femmes surtout ne perdirent pas l'occasion de parader gravement dans un club et de tenir tête aux orateurs patriotes.

Nous ne pouvons résister au plaisir de citer le discours de l'une d'elles qui offrait modestement *une paire de souliers* et qui ne se donnait pas moins d'importance qu'une Clélie romaine ou une femme spartiate : « Citoyen président, re-
» cevez le faible don que je fais à ma patrie d'une
» paire de souliers. Fasse le ciel qu'ils ne servent
» que pour marcher courageusement à l'ennemi,
» afin de terrasser les tyrans et de rendre la liberté
» à tous les peuples de la terre! Je désirerais voir
» mon fils, trop jeune encore, au milieu des
» combattants! J'aurais la douce satisfaction, au
» retour des combats, de lui entendre raconter les
» succès des armes françaises et le fruit de nos
» victoires. Si les tyrans sont longs à détruire,
» eh bien ! mères tendres, femmes chéries, nous
» ferons le sacrifice de nos enfants, de nos époux!
» Nous leur dirons : ne revenez qu'après l'entière
» conquête de notre liberté et de celle de nos
» voisins. Et, s'il le faut encore, nous déposo-
» rons sur l'autel de la patrie nos bijoux les plus
» précieux. Tel est le vœu d'une femme libre!... »
On voit que l'assemblée nationale n'avait pas le monopole de l'éloquence !

Cependant l'infortuné Louis XVI avait succombé : sa tête était tombée sous le couteau qui devait frapper tant d'autres victimes!... Pourquoi faut-il que nous trouvions presque au nombre de ses bourreaux un de nos compatriotes, Charbonnier? Il était membre de la municipalité de Paris et, comme tel, il eut à subir les odieuses conséquences de sa position. Voici ce que nous lisons dans les « Mémoires de Cléry » :

« Le 29 septembre 1792, à dix heures du ma-
» tin, cinq ou six municipaux entrèrent dans la
» chambre de la reine, où était la famille royale.
» L'un d'eux, nommé Charbonnier, fit lecture au
» roi d'un arrêté du conseil de la commune qui
» ordonnait d'enlever papier, encre, plumes,
» crayons, et même les papiers écrits, tant sur
» la personne des détenus que dans leurs cham-
» bres, ainsi qu'au valet de chambre et autres
» personnes du service de la tour. — Et lorsque
» vous aurez besoin de quelque chose, ajouta-t-il,
» Cléry descendra et écrira vos demandes sur un
» registre qui restera dans la salle du conseil.
» — Le roi et sa famille, sans faire la moindre
» observation, se fouillèrent, donnèrent leurs pa-
» piers, crayons, nécessaires de poche, etc. Les
» commissaires visitèrent ensuite les chambres,
» les armoires, et emportèrent les objets dési-
» gnés par l'arrêté. Je sus alors, par un muni-
» cipal de la députation, que, le soir même, le roi

» serait transféré dans la grande tour. Je trouvai
» le moyen d'en faire avertir Sa Majesté par
» Mme Elisabeth. »

C'était un bruit public à Craponne que Charbonnier aurait pu faire évader Louis XVI : lui-même est convenu de cette éventualité ; mais il a prétendu qu'il l'avait tenté. Seulement, ajoutait-il, il n'avait pu triompher de la résistance du roi, qui ne pouvait consentir à s'évader seul. Charbonnier, bien repentant, est mort, il y a quelques années, à l'hôpital de Craponne, où le suivit une antipathie universelle qui n'excluait pas un certain sentiment de frayeur qu'on éprouvait en le voyant.

La mort du bon roi fut accueillie par le comité de surveillance avec une joie barbare. Tandis qu'elle décrétait de fortes dépenses pour les honneurs funèbres à rendre « aux mânes de Michel » Lepelletier », elle écrivait au président de la Convention nationale pour annoncer son adhésion au jugement qui avait condamné « le dernier des » tyrans ».

Le 4 avril 1793, ce fut un appel à la dénonciation. Chacun était prié de nommer les « malveillants » et les gens regardés comme suspects par l'opinion publique. La liste fournie par le zèle républicain fut assez longue, et quelques bons citoyens durent accepter la prison ou la vie de proscrit.

Nous ne disons rien de tous les arrêtés ridicules, de toutes les vexations, du maximum, des accapareurs, etc.; les détails sont les mêmes qu'autre part, et Craponne n'y ajouta que ces petites persécutions qui recouvrent un intérêt personnel, un esprit de vengeance heureux d'avoir un prétexte d'atteindre légalement un adversaire. Nous ne désignerons pas davantage les ecclésiastiques qui eurent à subir les conséquences d'un refus de serment : nous aurions à donner trop de larmes à ces martyrs.

Nous passons à une adresse à la Convention nationale : « Citoyens représentants, vous avez tout
» bravé; l'aristocratie est détruite et nous sommes
» dans le règne de la liberté et de l'égalité. Vous
» avez complété une révolution qui doit un jour
» faire le bonheur de tous les peuples et que vos
» prédécesseurs n'avaient fait qu'ébaucher. Les ty-
» rans frémissent déjà; ils voudraient nous dé-
» truire. Les barbares! ils emploient toutes sortes
» de manœuvres; mais bientôt leurs satellites se-
» ront repoussés! Restez à vos postes et ils con-
» fesseront enfin l'unité et l'indivisibilité de notre
» République. Tous les jours, nous éprouvons de
» nouveaux bienfaits de votre part : toutes les
» lois qui émanent de votre assemblée nous don-
» nent une heureuse existence. Vous trouvez la
» reconnaissance de toute la République dans l'em-
» pressement à se soumettre à vos décrets. La

» commune de Craponne n'est pas la dernière ;
» elle a exécuté et fait exécuter les lois, et son pa-
» triotisme s'est imposé le devoir sacré de secourir
» les défenseurs de la liberté en coopérant à l'équi-
» pement des troupes républicaines. Quoique dé-
» pourvue de grands revenus, elle a effectué l'achat
» de deux canons de 4 et de leurs affûts. A peine
» les eûmes-nous, qu'éclatèrent les troubles de
» Lyon. Chaque citoyen se disputait la gloire d'aller
» défendre la République.... Puissent, citoyens re-
» présentants, nos vœux être exaucés ! Puisse
» être détruite la horde des tyrans ! Puissent ces
» despotes subir le sort de ceux qui, jusqu'à ce
» jour, avaient fait le malheur de la France !
» Tels sont les désirs de cette commune réunie en
» société populaire ! Elle y contribuera de toutes
» ses forces ; elle méritera bien de la patrie ; elle
» sera satisfaite dès que les sans-culottes seront
» forcés de rendre justice à son patriotisme ! —
» Vivre libres ou mourir en chassant les tyrans,
» telle est notre devise ! »

Venons maintenant à quelque chose d'aussi ré-
jouissant, la grande fête du 30 nivôse an II. —
Nous copions textuellement le procès-verbal :

« Les habitants de la commune, de tout âge
» et de tout sexe, étaient rassemblés, à l'heure
» de midi, au faubourg des *Sans-Culottes* [1]. La

---

[1] Ci-devant faubourg des *Constants*.

» marche a commencé par un détachement de
» vingt gardes nationaux précédés de deux sapeurs,
» suivis de la gendarmerie nationale. Venait en-
» suite une longue file de citoyens et de citoyennes.
» Là, ce que, au régime de l'esclavage, on ap-
» pelait le dernier des laboureurs, conduisait la
» première des ci-devant bourgeoises ; l'homme le
» plus riche s'enorgueillissait d'être l'égal du plus
» pauvre. Après ce groupe, guidé par l'égalité,
» venait la respectable vieillesse conduisant par la
» main la tendre enfance. L'aïeul regrettait d'avoir
» trop longtemps vécu pour le despotisme, rappe-
» lait à son petit-fils les devoirs envers la patrie,
» son bonheur de n'avoir pas connu le règne des
» tyrans et d'avoir été réservé pour celui de la
» liberté. Et soufflant dans son jeune cœur les
» principes d'égalité, de fraternité, de patriotisme,
» connus, hélas ! trop tard pour lui, le vieillard
» tâchait de former à ces vertus l'espoir de la
» patrie.

» La compagnie des canonniers traînait ses ca-
» nons. Suivait une députation de la société po-
» pulaire. Quatre d'entr'eux, couverts du bonnet
» rouge, portaient et leur bannière et les attributs
» de la liberté ; parmi eux se trouvaient les dé-
» putés de la société d'Arlanc. Là, comme au cen-
» tre du cortège, paraissait la liberté représentée par
» une jeune républicaine, au lieu de ces froides
» statues du fanatisme. Elle était portée par un

» officier municipal, un notable, un garde natio-
» nal et un jacobin. Elle était entourée par seize
» de ses compagnes vêtues de blanc, décorées
» d'un ruban tricolore ; elles portaient un rameau
» de laurier à la main qui, avec autant de vérité
» que ces illustres romaines, juraient de ne
» jamais laisser éteindre dans leur cœur le feu sacré
» que leur inspire la présence de la liberté et de
» le communiquer à leurs enfants.

» La déesse chérie des Français était suivie d'un
» charriot ouvert, chargé des instruments de la-
» bourage et des arts mécaniques ; il était traîné
» par des adolescents pris dans la classe laborieuse.
» Venaient, après, les autorités constituées, placées
» au centre d'un second détachement de vingt
» hommes. Enfin, le cortège était terminé par
» un mannequin représentant Pitt, décoré d'une
» cocarde blanche et de tous les rubans, cordons
» et croix de la caste nobiliaire ; il était monté sur
» un âne, traînant un drapeau blanc, bannière
» des royalistes et catholiques. Il était conduit au
» bûcher par le père d'un zélé défenseur de la pa-
» trie qui, âgé à peine de dix-huit ans, dans une
» action contre les Piémontais, du 26 août der-
» nier, blessé à mort, se releva et plongea, avant
» d'expirer, sa bayonnette dans le sein de quatre
» esclaves. La marche ainsi arrangée s'est portée
» autour de l'arbre de la République. Là, les voix

» des citoyens se sont confondues ensemble, ont
» chanté les hymnes chéris de la liberté.

» De là, continuant la marche dans les princi-
» pales rues de la commune, on s'est porté au
» faubourg des sans-culottes, où, tandis qu'une
» salve de canons, tirée du côté de *Commune-Af-
» franchie*, rappelait nos victoires sur cette ville
» rebelle, la voix douce des compagnes de la
» liberté chantait, autour d'elle, ses victoires sur
» le despotisme.

» De cette station, le cortège a défilé jusqu'au
» faubourg du Vernet où de nouveaux coups de
» canon se sont dirigés vers Toulon. La marche s'est
» enfin terminée par une quatrième station autour
» de l'arbre chéri de la liberté, où de nouveaux
» couplets ont été chantés pour célébrer la victoire
» qui nous rassemblait.

» Pitt placé sur son bûcher, les sans-culottes à
» l'envi y ont mis le feu ; ces mêmes sans-culottes
» s'en disputèrent les cendres pour les jeter au vent.
» Un discours devait être prononcé ; mais le feu a
» été mis trop vite et la nuit, qui est survenue, a
» empêché de le faire. Ainsi s'est terminée cette
» fête animée par la joie des sans-culottes ; mais
» qui sans doute a laissé le désespoir aux enne-
» mis de la République.

Nous franchissons d'un pas rapide cette mal-
heureuse époque dont nous aurions à remuer le
sang ou la boue ; nous avons hâte d'en finir.

Le 15 fructidor an VI, arrivait à Craponne un homme dont le nom appartient à l'histoire. Arrêté, après une vigoureuse résistance, par le brigadier de gendarmerie, Delaigue, surnommé l'*Empereur*, dans les gorges qui s'étendent entre Apinac et le Pontempeyrat, il fut conduit dans les prisons de la ville comme un de ces obscurs coupables dont la vie reste un mystère. C'est à peine si le surlendemain, jour de grande fête à Craponne, il est question de lui en ces termes : « Les militaires » en station dans cette ville sont absents pour » conduire dans les prisons du département le » fameux Dominique Allier et ses autres quatre » complices, saisis comme faux-monnayeurs, avec » leurs pièces fausses et leur attirail, et encore » comme contre-révolutionnaires et égorgeurs des » départements voisins, dont deux aussi prévenus » d'émigration. » Craponne ignorait à quel hôte illustre on faisait, dans son vieux donjon, un si misérable gîte. Celui qui se cachait sous ce nom emprunté d'Allier, était Joseph-Etienne, marquis de Surville.

Cet homme, jeune, écrivain souple et gracieux qui est parvenu, à force de vraisemblance, à faire antidater de près de trois siècles ses fraîches et fines poésies, tant il y a mis de couleur locale, de grâce exquise, de naïveté du bon vieux temps, cet homme avait goût aux aventures. Il aimait la vie qui a pour théâtre une caverne, un pli de terrain, une forêt; il prenait plaisir aux courses de nuit, à tout ce qui est ombre et mystère. Cette fois son goût s'alliait à son devoir.

Emigré en Suisse dès les premiers temps de la terreur, il rentrait en France chargé par Louis XVIII d'une mission secrète. Les minutieuses surveillances de l'inquiet pouvoir de cette époque, l'avaient obligé à prendre des voies tortueuses et à couvrir ses démarches par un nom qui ne valait pas le sien. Cependant il avait été signalé, vendu, traqué; et de retraite en retraite, il était arrivé jusque chez nous, tentant peut-être d'atteindre ce Bas-Vivarais où il avait eu son berceau. De là, ses gens rayonnaient à droite et à gauche, cherchant à raviver le parti de la royauté, prêtant main-forte aux populations pour cacher ou défendre leurs prêtres, et faisant plus d'une fois, pendant la nuit surtout, grand peur à nos patriotes par des apparitions soudaines à la façon de l'arabe. Son quartier général était dans les obscures profondeurs où nous avons dit qu'il fut saisi. Il était alors grandement question, dans le pays, de faux monnayeurs. C'est comme tel qu'il fut poursuivi et atteint. Or c'était de l'argent bel et bon qu'il fabriquait; dans cette caverne, « on battait monnaie » pour le roi. Au fond de l'antre où son courage ne put le sauver, on trouva tout l'attirail de fabrication, et dès lors les charges de l'accusation ne parurent ni déraisonnables, ni calomniatrices. Cependant, comme l'indique le passage du procès-verbal que nous avons cité, on avait quelque soupçon d'un crime plus anti-républicain : on le pressentait conspirateur.

Mais les gens de son parti, et il en avait beaucoup en ville, n'ignoraient pas ce qu'était le noble captif. Dès le lendemain, malgré la sévérité républicaine qui ne peut être raisonnablement impolie devant certaines sollicitations aristocratiques se personnifiant en de brillantes dames, les visites assidues ne manquèrent pas au prisonnier. Il en eut pour toutes les heures, et le monde élégant fit sa cour à celui qu'on nommait tout bas, mais dont on citait tout haut les strophes faciles et tendres. Chacun dévorait un vers, une ligne, un mot écrit pour soi [1] ; car le prisonnier avait une com-

---

[1] Bien des vers ont couru sur son compte ; on les devait à l'improvisation du cachot. Nous en citons quelques fragments qu'on chante encore :

> Adieu, digne objet de ma foi,
> Epouse tendre et vertueuse !
> Si je mourais auprès de toi,
> Ma mort serait moins douloureuse !...
>
> Pour mon pauvre fils tu dois vivre....
> Sois son berceau, sois son appui....
> Hélas ! si tu voulais me suivre,
> Dis-moi, qui prendrait soin de lui ?
>
> Si quelquefois sur tes genoux
> Il te sourit, il te caresse,
> Hélène ! oh ! que de ton époux
> Il te rappelle la tendresse !

plaisance incroyable à répondre à toutes les exigences de l'admiration ou de l'amitié, si indiscrètes qu'elles fussent.

L'amitié ne s'en tint pas à l'admiration. Elle essaya de sauver le poète : on organisa une bande qui, la nuit suivante, devait forcer la prison et ouvrir les portes. Il y avait trop de monde dans le complot pour qu'il n'y eût pas d'indiscrets; ceux-ci éveillèrent les soupçons et on n'en garda que mieux le captif, qui resta dans le donjon féodal.

Le voilà donc à l'étroit, lui qui aimait tant l'espace, la brise de la nuit, le ciel et les étoiles... Le voilà au fond d'une prison !... Qui sait si dans ces nuits, forcément sans sommeil, la grave figure de son aïeule ne lui apparaissait pas pour le forcer à chercher dans les fictions d'un autre âge une ressource contre les sombres réalités du présent ! Qui sait si Clotilde de Surville, le prenant dans ses bras avec un amour de grand'mère, ne le berça point pour l'endormir avec ces délicieux *verselets* que le poète avait mis lui-même dans la bouche de celle qui chanta pour lui :

> O cher enfantelet, vrai pourtraict de ton père,
> Dors sur le sein que ta bouche a pressé !
> Dors, petiot; clos, ami, sur le sein de ta mère,
> Ton doux œillet par le somme oppressé.
>
> . . . .

Etend ses brasselets ; s'étend sur lui le somme ;
  Se clot son œil ; plus ne bouge.... il s'endort....
N'était ce teint flouri des couleurs de la pomme,
  Ne le diriez dans les bras de la mort ?

Arrête, cher enfant.... j'ai frémi tout entière....
  Réveille-toi ; chasse un fatal repos....

Hélas ! si, semblable aux consolantes apparitions dont parlent les naïves légendes du moyen-âge, si Clotilde, dans sa sollicitude, tenta d'endormir le poète en chantant ces verselets, certes elle s'arrêta à ce vers.... Ce n'était plus le rêve ; c'était la réalité.

Le lendemain, le marquis de Surville partit de Craponne, la chaîne au cou, à pied, entouré de la gendarmerie, suivi d'une foule avide et compatissante. Il marchait vers Le Puy où l'attendaient un court procès et une rapide condamnation.

D'abord il essaya de se cacher sous son pseudonyme ; puis, bientôt reconnu, il se nomma tout haut devant la commission militaire et s'avoua « commissaire du roi Louis XVIII. » Il marcha à la mort la tête haute, le regard fier, le front serein. Sa vieille foi de gentilhomme ne se démentit pas. Il devait être fusillé devant l'église Saint-Laurent. Avant qu'on lui bandât les yeux, il s'agenouilla contre un ormeau, et, tourné du côté du temple, il pria un instant ; puis, sur son signal, on fit feu. Comme Chénier, il était mort avant d'avoir épanché sur la France tous ses flots de poésie, tous les deux victimes de la révolution.

Nous terminons ici notre esquisse historique ; elle suffit, croyons-nous, à notre but, à la faiblesse de nos forces et au temps que nous pouvions lui consacrer.

On nous permettra seulement d'ajouter à ce travail quelques observations rapides, qui seront comme un aperçu physiologique sur la ville dont nous venons d'ébaucher l'histoire.

XXIV.

Les nombreuses routes dont Craponne est percé, ses relations commerciales qui emmènent ses habitants au loin et appellent dans ses murs un grand nombre d'étrangers, ôtent à cette contrée toute physionomie caractéristique. C'est à peine si une étude attentive de ses mœurs permet de ressaisir quelque trace du passé.

Les antiques brayes rouges, entées sur les guêtres blanches, ont fait place au disgracieux pantalon qui descend à peine jusqu'à la chaussure ; la veste verte qui, s'arrondissant sur les flancs, se terminait en larges basques garnies de grands boutons, est dépossédée par la prosaïque et si compromise blouse; le large feutre par le chapeau cylindrique si peu approprié aux intempéries de nos montagnes.

L'innovation a atteint également la femme des champs. Son chapeau traditionnel, doublé de soie rose, surmonté d'ondoyantes plumes noires, chargé de brillantes paillettes et gracieusement bordé de larges blondes retombant en forme de voile sur le visage, ne recouvre plus coquettement sa tête; c'est presque partout le chapeau de paille en bateau, sans autre ornement qu'un velours noir en croix, quand la paysanne ne lui préfère pas le bonnet de mousseline, sur lequel, parmi des rubans, elle peut étaler de riches dentelles, le plus souvent sorties blanches et fines de ses doigts. Des changements analogues se sont opérés dans le reste du costume. C'est la mode avec ses caprices, avec ses bizarreries; et, le dimanche surtout, en présence de ces luxueuses toilettes où la soie abonde, vous vous demandez si vous êtes bien dans l'une de ces régions montagneuses de la Haute-Loire, où la mise, autrefois, était simple comme les mœurs.

Nous ne disons rien de la ville. Hommes et femmes subissent les tyrannies que l'élégance parisienne impose aux provinces; on suit, autant qu'il est possible, tous les goûts du jour.

L'habitant de Craponne est affable, complaisant, prévenant même; il accueille parfaitement l'étranger. Ordinairement il a beaucoup d'intelligence [1], de la franchise, la parole facile, de l'à-propos, de l'esprit ; toutes qualités révélées par une physionomie ouverte et gaie, où perce la finesse.

Léger de caractère, inconstant même, il est peu sérieux pour les affaires; l'instruction le préoccupe peu et l'ambition de la fortune ne l'entraîne guères

---

[1] Si les modestes proportions que nous avons données à ce travail le permettaient, nous aurions consacré quelques notes biographiques à plusieurs personnages nés à Craponne et qui n'ont pu prendre place dans notre esquisse historique. Nous aurions nommé les deux abbés Ranchoup, dont l'un habita la cour sous Louis XV, et l'autre, chanoine à Chartres, fut appelé à Paris pour prêcher divers panégyriques : celui de saint Louis dans l'église des Invalides, devant le bureau du ministère de la guerre, et celui de saint François de Sales, au séminaire de Saint-Nicolas-du-Chardonnet, devant la maréchale de Broglie ; nous aurions cité le P. Boulle, cordelier, qui a laissé l'*Histoire de la vie et du culte de saint Bonaventure;* un autre P. Boulle, dominicain, qui publia en 1762 un opuscule dont le but était de disculper saint Thomas de l'accusation d'enseigner le tyrannicide, opuscule qui fut attribué au P. Gallien, de Saint-Paulien, auteur de l'*Art de naviguer dans les airs* (Avignon, 1745). Ce dernier, qui était dominicain, est mort au couvent de ce nom, au Puy, en 1745. Finissons en mentionnant M. Billard, ingénieur des ponts-et-chaussées, chef de l'arrondissement de Philippeville. C'est par ses soins qu'ont été extraits des porphyres provenant des roches du *Cap-de-Fer*, pour le piédestal de la statue en bronze du maréchal Bugeaud-d'Isly, laquelle a été dressée sur une place d'Alger, le 4 août 1852. M. Billard est un ingénieur de grand avenir.

vers l'industrie à laquelle il apporterait cependant une certaine aptitude favorisée d'ailleurs par un goût et une intelligence manufacturière qui se révèlent surtout dans les belles dentelles confectionnées aux environs de Craponne. C'est, en effet, dans cette région du département que les fabricants les plus distingués du Puy, parmi lesquels on doit citer en première ligne M. Théodore Falcon, obtiennent les plus parfaits de ces riches tissus, qui luttent depuis quelques années avec tant de succès, dans les expositions publiques et dans le commerce parisien, avec les dentelles de Caen et de Chantilly.

Grâce aux instigations des négociants les plus actifs, les plus intelligents de la métropole, le Craponnais commence à s'initier à ces utiles perfectionnements, à s'élever, sous ce rapport, à la hauteur de l'art et du goût; cependant il est encore trop enclin à donner son temps aux habitudes de café, aux jeux bruyants, à la médisance, qui prend souvent dans sa bouche la forme de couplets satyriques. Il n'a pourtant ni méchanceté, ni esprit vindicatif, et ses paroles emportées, ses menaces, ses grands projets de colère ne se révèlent pas avec le soleil du lendemain. Une nuit est bien longue pour que toute sa haine ne se soit pas évanouie.

Il aime la louange; il a même le courage de se vanter lui-même; il s'irrite de la contradiction à cet endroit, ne connaît rien de mieux que sa petite ville, et se résout difficilement à dépasser cet horizon. Pourvu qu'il ait à raconter ou à prêter l'oreille à des narrations de voyages ou de batailles, c'est assez pour que la journée soit bien remplie.

Pas de superstition! Il a oublié les contes du *Follet* et du *Drai*, les *revenants* qui remplissent la nuit de leurs apparitions mystérieuses; il n'a jamais cru au *loup-garou* ni aux *sorciers*. Le campagnard lui-même ne va jamais au *devin*, ne s'inquiète pas des *maléfices* pour son bétail ou pour lui et se prend à rire quand on lui parle de *sortilège* ou de ces *révélations* qu'on croit lire dans une combinaison de cartes.

La superstition du Craponnais est dans son journal, qu'il croit en quelque sorte émané des anges. De là sa foi en lui, une foi entière qui l'égare et lui fait épouser l'erreur.

Religieux d'éducation et de tendance, il n'a pas, à certains jours, le courage de ses convictions qu'on dirait évanouies. Il accepte, sur ce point, les insinuations sans défiance, les affirmations sans contrôle, les préjugés sans y voir un péril; s'il dédaigne, ce n'est pas qu'il méprise; s'il s'abstient, ce n'est pas qu'il se moque; s'il attaque, ce n'est pas qu'il haïsse; il lui reste par instinct et par habitude la déférence et le respect.

Des anciens usages que peu à peu le temps efface, subsistent encore les gais noëls des dernières soirées de décembre; les plantations du *mai* qui sont suivies de chants monotones, des contributions libres d'œufs ou de bois; les feux de joie de la Saint-Jean; les charivaris bruyants qu'assaisonnent d'interminables chansons! C'est tout; et encore la tradition n'en est plus que dans le domaine des enfants.

Le patois de Craponne, que parlent seulement les classes agricoles, prend ses racines, presque tous ses mots, dans l'idiôme traditionnel du pays; mais il s'en sépare par la prononciation et la désinence moins dures, l'une et l'autre, que dans le reste du département. Ce patois a de la douceur, de l'harmonie, de la grâce même, parce qu'il n'a rien de cette volubilité d'émission, de cette articulation gutturale ou nazillarde dont il se revêt autre part. On aime une narration dans ce langage où se mélangent grec et latin, franc et gaulois, italien et espagnol; et les gaies chansonnettes conservent et prennent, avec cet idiôme, nous ne savons quoi de primitif qui fait rêver d'un autre âge et vous emporte au temps des troubadours et des légendaires, auprès de Médicis et de Pierre Cardinal.

De plus longs développements sur les mœurs de ce pays, sur les tendances d'une agriculture encore trop arriérée, les habitations peu confortables des habitants et sur beaucoup d'autres particularités locales nous entraîneraient trop au-delà des limites de notre sujet. Constatons, en finissant, qu'aux diverses phases de cette modeste histoire, à celle qui s'accomplit en ce moment, va succéder bientôt une ère nouvelle, qui sera marquée dans nos annales départementales par un grand événement, l'obtention de l'une de ces magnifiques voies ferrées qui, reliant entre elles toutes les régions de la France, les initiera toutes aux bienfaits de la civilisation moderne et imprimera en particulier, dans notre pays, une impulsion immense aux progrès des arts, de l'industrie et de la moralisation publique.

Il sera bien permis à l'historien qui a scruté avec quelque attention les ténèbres du passé, qui a pu reconnaître dans le présent les indices d'heureuses aptitudes, de concevoir pour sa ville natale la pieuse espérance d'un avenir prospère auquel la convient les efforts intelligents de l'autorité et de tous les hommes qui ont à cœur le bonheur et l'illustration de notre pays.

NOTE SUR L'ÉGLISE PAROISSIALE DE CRAPONNE.

L'écrivain distingué à qui nous devons l'histoire de la ville de Craponne, nous saura gré d'ajouter, à la note de la page 431, une observation qui n'est pas sans importance par la date architecturale de l'église paroissiale. A l'exception des deux ou trois dernières travées et de la façade, qui se rapportent à la fin du XVIII° siècle, ce monument signale un type particulier à la dernière phase du style gothique, celle qui précéda immédiatement l'époque de la Renaissance. Elle s'accomplit, dans le Velay, vers la fin du XV° siècle. Le chœur et les premières travées des trois nefs ont le mérite assez rare, dans notre pays, d'avoir été construits d'un seul jet et de présenter un ensemble architectural dont la régularité n'est pas dépourvue d'une certaine élégance. L'influence de ce type rayonna dans plusieurs églises situées non loin de Craponne, notamment dans celle de Saint-Julien-d'Ance, soit pour l'ensemble du vaisseau, soit dans une curieuse chapelle inférieure, dont la destination sépulcrale nous a paru offrir comme une lointaine réminiscence des anciennes cryptes ou églises souterraines.

AYMARD,
Insp. des monuments historiques.

OUVRAGES DU MÊME AUTEUR :

Imitation de J.-C., traduction nouvelle, avec une réflexion pour chaque chapitre, un ordinaire de la messe, etc., approuvée par NN. SS. les archevêque et évêques de Lyon, Moulins, Rodez, le Puy, etc., etc.; magnifique volume in-12, avec encadrements, vignettes, lettres ornées, en couleur et or; 2ᵉ édition. — Le même, édition commune, in-18.

Histoire de saint Vincent de Paul, dédiée à à tous les membres de la Société de Saint-Vincent-de-Paul, dans le monde catholique; un beau volume in-8°. — Le même, édition in-12.

Bouquet de fleurs a Marie, pour le mois de Mai; volume in-18.

L'Ange de la Semaine, manuel du chrétien, ou la semaine sanctifiée; beau volume grand in-18.

Annales de la Sainte-Enfance, depuis le 5ᵉ volume.

Pour paraître prochainement :

1° Manuel des Associés de la Sainte-Enfance;

2° Quelques fleurs de plus dans le Bouquet a Marie ;

3° Trois Anges pour mener au ciel : la méditation, la lecture spirituelle, la vie des saints pour chaque jour de l'année; 4 volumes.

www.ingramcontent.com/pod-product-compliance
Lightning Source LLC
Chambersburg PA
CBHW070658100426
42735CB00039B/2238